L'ABÉCÉDAIRE

100 réponses aux lecteurs de Version Femina

Du même auteur

Chacun cherche un père, Éditions Anne Carrière, 2009.

Regards croisés sur le handicap, en collaboration avec Luc Leprêtre, Éditions Anne Carrière, 2008.

La Vie en désordre, Éditions Anne Carrière, 2007.

Regards croisés sur l'adolescence, en collaboration avec Marie Choquet, Éditions Anne Carrière, 2007.

Déchache-moi ! Se séparer pour grandir, Éditions Anne Carrière, 2005.

Tout ce que vous ne devriez jamais savoir sur la sexualité de vos enfants, Éditions Anne Carrière, 2003.

Élever bébé : de la naissance à six ans, en collaboration avec Christine Schilte, Hachette Pratique, 1998.

Frères et sœurs, une maladie d'amour, en collaboration avec Christine Schilte, Fayard, 2002.

Vouloir un enfant, en collaboration avec René Frydman et Christine Schilte, Hachette Pratique, 2001.

Œdipe toi-même ! Consultations d'un pédopsychiatre, Éditions Anne Carrière, 2000 ; LGF, « Le Livre de Poche », 2002.

Comprendre l'adolescent, en collaboration avec Christine Schilte, Hachette Pratique, « La grande aventure », 2000.

Huit textes classiques en psychiatrie de l'enfant, ESF éditeur, « La vie de l'enfant », 1999.

Professeur Marcel Rufo

L'ABÉCÉDAIRE

100 réponses aux lecteurs de Version Femina

Version Femina / Éditions Anne Carrière

ISBN : 978-2-8433-7597-2

www.anne-carriere.fr

Cet ouvrage est un recueil de cent chroniques de Marcel Rufo parues dans *Version Femina* depuis plus de deux ans.

Absentéisme scolaire

« Ma fille de 14 ans déteste l'école et nous le montre : absentéisme, alcool, fugues. À la suite de sa dernière escapade, elle nous a fait part de son désir de se diriger vers la restauration par la voie de l'apprentissage. Ses professeurs trouvent dommage qu'elle ne passe pas son bac. Que faire ? »

Véronique, 51 ans, Nexon

Pour votre fille, l'école est un véritable révélateur de malaise. Il y a chez elle une souffrance, un trouble de l'estime de soi. Un enfant qui se porte bien va au collège. Peut-être en traînant les pieds, mais il y va…

L'absentéisme n'est pas à prendre à la légère : il précède souvent, comme dans le cas de votre fille, les fugues et les conduites addictives. Il faut certainement entendre son projet d'apprentissage en restauration. Pourquoi ne pas l'orienter vers un lycée professionnel où elle passera un bac pro ? Le problème, c'est qu'il faut attendre qu'elle entre au lycée…

Il est vrai que certains enfants, comme votre fille, bénéficieraient d'une mise en apprentissage précoce avec un temps scolaire aménagé. Ou alors, il faut peut-être envisager l'enseignement à domicile, au moins pour un temps. Pourquoi n'irait-elle pas, par exemple, en apprentissage pour apprendre la cuisine et ne continuerait-elle pas simultanément à faire de l'anglais (c'est important dans la restauration) ? Il me semble qu'il faut que l'école et vous puissiez, avec l'aide d'un service spécialisé de psychiatrie de l'adolescent, aménager l'emploi du temps de cette jeune fille. Ainsi, nous aurons peut-être la bonne surprise de la voir retourner à l'école… Si l'on entre en conflit avec elle et qu'on lui impose la scolarité, on va droit dans le mur ! Tenez bon avec tout le monde et gardez espoir : elle a choisi son futur métier. Pouvoir anticiper sa vie prouve qu'on ne va pas si mal…

ADDICTION

« Ma fille, 16 ans, me jure qu'elle ne fume pas. Pourtant, chaque soir ses vêtements et ses cheveux empestent la cigarette. Quand je lui fais une réflexion, elle m'accuse de ne pas lui faire confiance. Du coup, je culpabilise et je n'ose plus rien lui dire. Mais je reste persuadée qu'elle est fumeuse, de tabac et de cannabis. Comment gérer ? »

Annabelle, 42 ans, Nancy

Être maman, c'est aussi savoir dire : « Non, je sais que tu fumes », poser la réalité plutôt que de rester dans l'illusion que tout va bien. C'est quand on n'ose plus rien dire à son enfant que le drame est en route. En dehors du tabac, qui est déjà un désastre (1 adolescente fumeuse sur 5 aura un cancer du poumon à l'âge de 35 ans), c'est surtout l'histoire du cannabis qui m'inquiète. Même consommé de manière festive, il peut être un véritable désastre pour un enfant vulnérable qui risque de sombrer dans l'ouverture de troubles psychologiques graves, qu'il n'aurait peut-être pas exprimés sans cela. Et donc, à ce niveau-là, vous ne devez pas vous sentir coupable de vouloir accompagner votre fille vers un mieux-être et vers son avenir. Ce n'est pas être coupable que de dire à votre enfant ce que vous pensez et de lui poser aussi vos interdictions. Je profite de ce thème de l'addiction pour redire la dangerosité extraordinaire de l'alcool, surtout en France, et l'intérêt des lois d'interdiction de la consommation d'alcool chez les mineurs, qui sont la seule chance de pouvoir en tirer d'affaire quelques-uns, voire la majorité. En effet, interdire une consommation qui détruit, c'est véritablement aimer ses enfants. À l'opposé d'une démagogie affective qui consiste à dire : « Je sais bien que tu fumes, je sais bien que tu bois… mais est-ce que tu m'aimeras toujours ? » je crois vraiment que la frustration est nécessaire. Et leur dire « je ne veux pas », c'est en fait leur dire « je t'aime ».

ADOPTION

« J'ai adopté un enfant en Bulgarie. Il est arrivé en France à 6 ans. Depuis, il est suivi par un psychologue, mais il a fait très peu de progrès. Il détruit ses vêtements, ses affaires et n'est pas très sociable à l'école. Je ne sais vraiment plus quoi faire. Qui peut nous aider ? »

Muriel, 43 ans, Lacanau

Connaissez-vous son histoire – dont d'éventuels troubles du comportement – avant son adoption ? C'est pour les protéger des souffrances entraînées par l'abandon que les familles adoptantes préfèrent adopter des bébés de quelques jours… mais cela ne règle pas tout. Le modèle de référence, c'est Loczy, en Hongrie. Dans cette pouponnière, un enfant était confié à une nourrice les dix-huit premiers mois de sa vie, pendant lesquels il pouvait rencontrer ses parents adoptifs. Ensuite, une fois installé dans sa famille, on lui permettait de revoir la personne qui avait accompagné son développement initial.

Mais revenons à votre fils. La clé de l'explication de ses troubles, c'est certain, se trouve dans l'histoire des six premières années de sa vie. Qu'en pense le psychologue qui le suit ? Est-il isolé ou fait-il partie d'une équipe pouvant relayer et analyser ses interprétations ? Avez-vous adopté votre enfant seule car vous dites « *Je* ne sais plus quoi faire » ? De quel soutien disposez-vous dans votre famille ? Existe-t-il près de chez vous une consultation spécialisée pour l'adoption (Consultation d'orientation et de conseils en adoption ou COCA) ? Mettez le plus de monde possible sur l'affaire, quitte à passer par un hôpital de jour si ses troubles du comportement et ses difficultés d'intégration sociale augmentent. À intervenir tôt, on gagne du temps.

ADOPTION

« Nous avons adopté nos deux fils il y a huit ans. Aujourd'hui, ce sont des préados, bons élèves et bien dans leur peau. J'ai peur qu'à l'adolescence tout se dégrade. Du coup, j'envisage de les emmener chez un psy en prévention. Est-ce une bonne idée ?

Pierre-Yves, 47 ans, Bar-le-Duc

Oui et non. Je suis d'accord avec vous sur l'idée que l'adoption pose essentiellement problème à l'adolescence, et non dans la petite enfance. Toutefois, qu'il soit adopté ou pas, peut-on prédire qu'un enfant aura une adolescence tumultueuse ? Je ne le crois pas. En revanche, je vous conseille d'aller parler de vos inquiétudes à vous, au lieu d'anticiper l'adolescence de vos garçons. Soyons clair : les psychiatres comme moi voient surtout les ados qui vont mal ; ils ne voient pas la majorité, ceux qui vont bien ! De plus, imaginez que l'un de vos fils nécessite un suivi et l'autre non. Cela le stigmatiserait trop dans le rôle du « mauvais enfant ». En allant discuter de vos craintes, vous les atténuerez, et elles seront moins visibles aux yeux de vos fils, qui sont capables de les utiliser. Si les enfants adoptés ont des adolescences parfois complexes, c'est souvent pour vérifier que leurs parents les aiment aussi dans les difficultés.

Aussi, évitez de leur donner du grain à moudre dès maintenant ! Attendez que les problèmes surviennent, il sera toujours temps alors de consulter.

Agressivité

« Ma fille de 14 ans est en crise depuis un an et demi. Mon mari travaille en province et rentre uniquement le week-end. À la moindre contrariété, elle m'agresse " verbalement " et envoie valser des objets. Elle a déjà vu un psy. Je ne sais plus ce que je dois faire, elle m'épuise moralement. »

Marie, 51 ans, Sceaux

Je reçois de plus en plus de courriers de mères qui se retrouvent isolées parce que leur mari doit partir travailler toute la semaine et ne rentre que le week-end. Il est vrai que le papa à plein-temps est bien utile pour l'homéostasie – la stabilité de la famille. Mais on peut aussi comprendre que le travail prime pour faire vivre la petite tribu, avoir une certaine qualité de vie sur le plan matériel, même si c'est au prix de l'absence du papa.

Je crois que votre fille s'est engagée à fond dans le « creux de l'autorité » que son père absent laisse vacant.

Parlez avec votre mari de la solution de l'internat, l'idéal étant qu'elle partage les trajets avec son père à l'aller et au retour. Cela lui permettra de vivre un moment privilégié en tête à tête avec lui. De cette manière, elle ne vous cassera plus les pieds, surtout elle ne vous épuisera plus moralement. Cela peut vous paraître dur, mais je crois qu'il faut savoir se séparer avant que les choses ne s'aggravent et que votre dépression ne la rende encore plus agressive. Plus elle sentira que vous êtes fragile, plus elle vous agressera pour vous sentir forte, alors que vous ne l'êtes pas.

AGRESSIVITÉ

« Mon fils de 8 ans a menacé avec un couteau deux de ses copains après avoir perdu une partie de foot contre eux. C'est l'incompréhension totale pour nous, les parents. Comment lui faire prendre conscience de la gravité de son acte ? »

Laura, 32 ans, Martigny

Supprimez-lui le foot ! On a vu pendant la Coupe du monde que ce sport n'était vraiment pas un modèle pédagogique. Première chose : la force de votre sanction doit être à la mesure de son acte inexcusable. Mettez-vous à la place des parents des deux autres enfants. Ils ont dû avoir tellement peur qu'ils leur ont probablement interdit de pratiquer ce sport !

Il faut également que vous cherchiez chez votre garçon d'autres signes de trouble de la confiance en soi. S'il ne peut pas perdre, c'est qu'il se croit incompétent et médiocre, car la défaite peut être aussi jolie que la victoire. On peut penser en effet à la revanche ou à la conquête future. Comment se comporte-t-il à l'école ?

Étant donné son âge, il doit être en CE2. S'il continue sur cette voie, imaginez quel sera son comportement au collège quand un enseignant lui fera une remarque ! Y a-t-il quelqu'un d'agressif dans la famille qui lui sert de mauvais modèle ? Il faut faire très attention à ces attitudes complètement aberrantes qui servent souvent de support aux plus fragiles. Il ne faut pas les excuser, avoir de la compassion pour leurs fragilités. La sanction protège plus que la compréhension de la souffrance. On punit et ensuite on comprend, c'est cela être parents.

Allaitement prolongé

« Mon enfant de 3 ans me demande de temps en temps le sein, que je ne lui refuse pas. Ça ne plaît pas du tout à mon mari. Qu'en pensez-vous ? »

Valérie, 31 ans, Bourg-la-Reine

Que je comprends votre mari ! Le débat que vous lancez risque de malmener le service courrier de *Version Femina*... Voilà que vous me posez la question de l'allaitement maternel, débat qui a fait fureur récemment avec les positions opposées de Mme Élisabeth Badinter et de Mme Edwige Antier. En France, il existe un courant (tout à fait légitime) qui prône l'allaitement maternel. Je pense toutefois qu'on peut être une excellente maman sans allaiter. Pour moi, l'allaitement maternel a sa raison d'être jusqu'à la diversification alimentaire. On part en effet à la découverte du monde en le mordant. D'ailleurs, la pérennité de l'alimentation mixée au-delà d'un certain âge entraîne un retard du développement : le refus des morceaux est un mauvais signe. Pour autant, il ne faut pas clamer « cachez ce sein que je ne souhaite plus voir ». Il y aurait de la tartuferie à ne pas admettre que, de temps en temps, l'enfant se rassure par un sein donné. Néanmoins, 3 ans, c'est grand. Il ne peut pas entrer à l'école maternelle, se séparer de vous correctement si vous l'allaitez encore !

Mais ce qui m'intéresse beaucoup, c'est l'attitude de votre mari. Enfin, un jaloux ! Ça fait plaisir... Vous ne croyez pas que ce serait son tour de bénéficier exclusivement du don de vos seins ? Il vous met en position d'être sa femme plutôt qu'une mère. Divorcez physiquement de votre fils et comblez-le d'affection. Le moment est venu de passer aux contes de fées, pour qu'il s'endorme la tête posée sur votre poitrine, désormais interdite.

Allaitement prolongé

« Mon enfant de 3 ans est très (peut-être trop ?) attaché à son père depuis ses 18 mois, moment où j'ai arrêté de l'allaiter. Il dit que son papa, c'est son amoureux, il veut le suivre partout, même sous la douche, et prend des mouchoirs de son père comme doudou. Est-ce inquiétant ? »

Cyrille, 32 ans, Le Mans

Tiens, revoici le débat sur l'allaitement ! Je vais donc déclencher encore une fois une tempête : être une bonne mère (Marseille oblige !) ne dépend pas du don du sein. Tant mieux si on veut allaiter, mais ce n'est pas grave si on ne le veut pas. L'accordage affectif entre la mère et l'enfant se construit en effet dans la rencontre, les contacts, les sensations, les interprétations et la durée. Allaiter durant dix-huit mois, c'est beaucoup, un peu trop selon moi… J'ai toujours pensé que le début de la diversification alimentaire était un bon moment pour commencer à arrêter. On peut passer *d'abord* à une alimentation mixte, puis cesser l'allaitement vers 8-9 mois. Pourquoi à ce moment-là ? C'est vers cet âge que le bébé se différencie fort de sa mère ; mon idole, René Spitz, le premier pédopsychiatre, a bien démontré que l'angoisse de l'étranger au 9e mois est un moment d'intenses progrès.

Votre fils de 3 ans est aujourd'hui aussi avide de son père qu'il l'a été de votre lait pendant dix-huit mois. Rassuré par votre disponibilité, il veut vérifier qu'il est le centre des préoccupations de son père. Quant au fait que celui-ci soit son « amoureux », cela prouve qu'il est malin ! Il préfère, ce chenapan, que ce soit le sien plutôt que le vôtre. Il veut les deux : Maman et Papa, mais surtout que celle-ci n'allaite pas son père ! Un conseil : un week-end en amoureux pour vous, et l'école maternelle pour lui !

Amour maternel

« Je rêvais d'avoir une petite fille et, depuis la naissance de mon petit garçon, qui a maintenant 8 mois, je n'arrive pas à me remettre de cette déception. J'ai peur qu'il en souffre... Que puis-je faire ? »

Félicie, 27 ans, Vincennes

Il s'en fout, c'est un bébé ! En outre, c'est lui qui vous « parentalise », c'est lui qui vous transforme en « sa mère », donc petit à petit vous allez adorer ce petit garçon. Rassurez-vous, vous n'êtes pas la seule à connaître cette ambivalence des sentiments. Dans le débat sur l'amour maternel, savez-vous que, lors de toute naissance, il n'y a chez les mamans que 60 % de sentiments positifs en direction du bébé et 40 % de sentiments négatifs ? Pendant les dix-huit premiers mois de la vie de son enfant, la mère est attentive et scrute tous les progrès qu'il effectue (c'est ce qu'on appelle la « préoccupation maternelle primaire »), ce qui modifie tout et tend à l'accordage affectif entre sa maman et lui. Puis le développement du bébé, l'apparition du langage, l'acquisition de la propreté et les manifestations de tendresse du petit parachèvent l'histoire d'amour entre la maman et son enfant.

De plus, j'imagine que son papa doit être ravi de retrouver son image chez son petit garçon. Avec cette génération de pères super compétents, je pense que vous ne devez pas hésiter : appelez-le à l'aide, demandez-lui de vous suppléer. Mais surtout, n'ayez pas d'inquiétude, pas de culpabilité, d'autant qu'à 8 mois il va commencer à manifester sa peur quand quelqu'un d'autre que vous apparaîtra. Il ne sera rassuré que par vos embrassades. Il ne souffrira pas, il vous aimera.

Angoisses

« Parents de deux filles de 5 et 9 ans, nous rencontrons quelques soucis avec l'aînée. C'est une petite fille épanouie mais, quand vient le soir, elle est prise de panique. Elle s'intéresse beaucoup à l'actualité. Elle nous a souvent demandé si certains faits divers étaient vrais et nous ne lui avons pas menti tout en la rassurant. Était-ce la bonne attitude ? »

Ludovic et Frédérique, 31 ans, Gaillon

Oui, c'était la bonne attitude. Mais l'actualité a vraiment de quoi terrifier les petits et les grands. Le tsunami, par exemple, a ravivé chez un grand nombre d'enfants l'angoisse de se noyer. Sans doute votre fille aînée passe-t-elle par une période de détachement de la petite enfance pour entrer dans l'adolescence et renoue-t-elle avec les peurs très archaïques qui ont meublé ses premières années.

Quand vient le soir, il faut lui demander : « De quoi as-tu peur ? » Elle vous dira sans doute : « De rien », et là, vous devez lui répondre : « Nous sommes à ta disposition. » Parce que, justement, la différence entre les faits divers et les parents, c'est que les parents, eux, sont toujours présents, alors qu'un fait divers est passager.

Il y a peut-être aussi, dans certains événements qui l'ont marquée, quelque chose qui renvoie à sa vie ou à la vôtre. Je donne un exemple : fréquemment, dans les phobies scolaires, l'enfant ne peut pas s'écarter de sa maison parce qu'il a peur qu'il arrive quelque chose à quelqu'un de sa famille s'il est à l'école. Et, souvent, on s'aperçoit qu'une arrière-grand-tante, par exemple, qu'il n'avait jamais vue, vient de décéder et que ce deuil a ravivé chez lui l'angoisse de la mort. Donc, je persiste et signe en disant que vous avez eu la bonne attitude en lui disant la vérité. Mais il faut que vous creusiez pour trouver le lien entre certains faits divers et votre fille.

ANGOISSES

« Ma fille, 3 ans, a peur des hommes qu'elle ne connaît pas. Elle panique si le psy de la crèche ou son grand-père veulent l'approcher. Comment interpréter cette angoisse ? »

Adeline, 33 ans, Bordeaux

Il me manque dans votre propos la relation avec son père : comment est-elle avec lui ? Se comporte-t-il comme un papa ou comme une maman bis ? Si nous devons tous nous réjouir des immenses progrès des nouveaux pères, il faut aussi que, de temps en temps, ils ne soient pas seulement une mère de remplacement mais jouent le rôle de l'homme vis-à-vis de leur enfant.

Par ailleurs, la crainte des hommes de la part des petites filles est souvent liée à des particularités physiques (barbe, cheveux noirs…), qui renvoient à des angoisses archaïques de se faire enlever.

Êtes-vous très inquiète lorsque vous vous séparez de votre petite fille ? Est-ce que vous ne lui transmettez pas votre anxiété ?

En tout cas, la bonne nouvelle, c'est qu'elle ait peur du psy de la crèche… ça prouve sa bonne santé mentale ! Les craindre précocement peut permettre de se construire névrotiquement sans passer par ces incontournables psys qui peuplent maintenant notre monde (voilà une critique féroce portée à mon encontre !).

La peur de son grand-père est plus singulière. S'agit-il de votre père ou de votre beau-père ? Là encore, il me manque des éléments pour mieux comprendre les choses. Si c'est votre père, c'est assez rare, voire original. En revanche, la crainte du beau-père (ou de la belle-mère) fait partie des prolongations de l'angoisse de l'étranger du 8e, 9e mois.

Conclusion, il faut que vous me récriviez afin que l'on avance dans l'explication de la peur de votre petite fille. Je fais quand même un pari pour le futur : se méfier des hommes précocement ouvre parfois la carrière d'une grande séductrice !

Aspirations adolescentes

« Ma fille âgée de 16 ans rêve de devenir ethnologue, au sens “ idéal ” du terme, et d’aller vivre avec des tribus amazoniennes. Doit-on lui dire, au risque de casser son rêve, que c’est quasiment impossible, ou doit-on la laisser sur son petit nuage ? »

Céline, 44 ans, Caen

Votre fille est donc la personne qui va remplacer Claude Lévi-Strauss ! Elle a 16 ans et elle veut devenir ethnologue, ça tombe bien puisqu’il vient de laisser sa place. C’est certainement le moment d’aller retravailler avec les tribus amazoniennes. Mais elle pourra aussi faire de l’ethnologie ou de l’anthropologie auprès des populations immigrées des banlieues… ou dans le 7e arrondissement de Paris. Il y a de quoi faire ! Pourquoi casser son rêve et lui dire que c’est impossible ? Je crois qu’elle pourra faire des études de sociologie, d’anthropologie, de lettres. Elle pourra peut-être devenir professeur des écoles et parler de l’histoire des civilisations, ou bien encore devenir prof d'histoire. Non, je crois qu'à 16 ans, vous avez de la chance, au contraire, que votre fille rêve de quelque chose d'aussi majestueux ! Pourquoi casser les rêves, lorsqu'ils sont aussi intéressants chez les adolescents ? Dites-lui surtout que plusieurs voies sont possibles pour devenir ethnologue. Et, pour en revenir à Claude Lévi-Strauss, souvenez-vous qu'au départ il était professeur de philosophie, et que c'est parce que l'enseignement l'a un peu ennuyé qu'il a fait ce qu'il a fait ! N'oubliez pas que ce grand penseur de notre temps, ce grand passeur de connaissances, était à l'origine enseignant. Grâce à son talent, il a en quelque sorte enseigné au monde entier.

Autorité

« Dès que je crie après mon fils (qui a presque 3 ans) lorsqu'il n'obéit pas, il s'isole dans une bulle où rien ne peut plus l'atteindre. D'une certaine façon, je l'admire pour cela, mais il ne m'obéit pas pour autant. La semaine dernière, il m'a dit pour la première fois : « Ça m'énerve, quand tu cries. » Qu'est-ce qui se passe dans sa tête lorsqu'il s'isole de la sorte ? Est-ce la preuve d'une grande force de caractère et de maturité ? »

Nathalie, 44 ans, Drusenheim

Quel flirt entre vous et ce petit garçon ! Vous l'admirez et, en même temps, vous essayez de l'éduquer. Ce doit être complexe de mélanger les deux. Vous dites : « Qu'est-ce qu'il est grand » alors qu'il est encore petit, et lui fait l'adulte en disant : « Ça m'énerve quand tu cries. » Je crois bien que j'ai affaire à un couple passionnel. Or on ne peut pas éduquer sans dire non. Et tant que vous serez aussi raide amoureuse de votre fils, vous ne pourrez rien pour lui. De plus, la bulle où il se place vous met dans une situation de dépendance totale. C'est à vous de revenir vers lui, et il n'attend que ça. « Gronde-moi, maman, que je m'isole et que tu me prouves que tu m'aimes. » Je crois qu'une certaine neutralité, une petite distance transformerait ce petit garçon. Il serait un peu plus bébé, un peu plus fragile. Alors que, là, vous en faites un grand garçon qu'il n'est pas encore. Il faudrait peut-être que vous réfléchissiez à être sa maman qui l'éduque, plutôt que son amoureuse qui l'admire, non ?

Avec des enfants ayant ce type de caractère, il faut imposer la stratégie de la parole. Crier pour qu'il se taise, c'est le parfait exemple de l'absence de communication. Il serait surpris si vous lui disiez simplement : « Je ne supporte plus ce que tu fais. » Là, il ne pourrait pas s'isoler. C'est quand vous criez et que vous vous fragilisez, que – pas bête – il devient le plus fort en se repliant.

Bébés mordeurs/mordus

« À la crèche, mon bébé s'est fait mordre trois fois en dix jours. Je sais que les éducatrices font le maximum pour éviter ces agressions, malgré tout je suis désemparée. Que puis-je faire ? Pourquoi ma petite fille est-elle la seule à se faire mordre ? A-t-elle déjà, si petite, un profil de victime ? »

Leïla, 33 ans, Paris

Cette question est très intéressante car les bébés mordeurs posent la question des bébés mordus. En général, ce sont les jolies petites filles, avec des joues qui ressemblent à des pommes, qui attirent, de manière gustative, les mordeurs.

Non, la victime n'a pas de talent particulier. On peut toutefois imaginer que, peut-être, votre bébé est au contraire très en avance, qu'il est remarquablement développé, qu'il a acquis d'autres moyens de communication que le mordeur qui, lui, un peu décalé, se trouve toujours dans une phase sadique orale. Le petit agresseur n'a pas vraiment tourné la page du « tout à la bouche » et est parti à la conquête du monde en le mordant à pleines dents. Il mord, dans le fond, celui avec lequel il ne peut pas communiquer.

En général, tout cela s'arrange, fort heureusement, avec le langage, même si j'ai appris récemment qu'un joueur de rugby britannique a été sanctionné parce qu'il avait mangé l'oreille d'un de ses adversaires… On peut donc avoir parfois des séquelles tardives ! Ce mordeur-là, l'agresseur de votre bébé, sera donc à surveiller.

En résumé, je crois que votre petite fille se fait mordre parce qu'elle est en avance sur le mordeur sur le plan de ses possibilités de communication avec les autres bébés. À cela s'ajoute le mode de garde collective qui, il est vrai, est propice aux morsures… Néanmoins, vive les crèches, car, grâce à elles, on s'est aperçu que, très tôt, dès le 5e, 6e mois, les bébés communiquaient entre eux. Alors, être un peu mordu pour progresser beaucoup, ça vaut quand même le coup !

Bégaiement

« Ma fille de 2 ans et demi s'est mise à bégayer soudainement, depuis qu'elle est entrée à l'école. Quand elle n'arrive pas à nous dire quelque chose, elle s'énerve. Elle parlait très bien pour son âge avant que ne survienne ce problème. »

Aurélie, 27 ans, Garat

Ne vous inquiétez pas, ces bégaiements ne sont pas graves du tout. De type traumatique, ils traduisent simplement son angoisse de la séparation. Ce qui, étant donné son âge (2 ans et demi pour aller à l'école, c'est bien petit...), n'est guère étonnant. Elle s'énerve d'autant plus qu'elle veut surtout que vous ne la compreniez pas, histoire que vous la gardiez avec vous. Essayez de ne plus vous affoler lorsqu'elle bégaie. Si vous lui faites répéter sans arrêt ce qu'elle a dit, cela risque de fixer le bégaiement. Essayez au contraire de vous détacher de ce symptôme, de prendre du recul, et les choses devraient s'arranger.

Si ce n'était pas le cas, quelques séances d'orthophonie pourraient l'aider; l'intervention d'un tiers moins impliqué débloque souvent la situation. Mais, rassurez-vous, ces bégaiements liés à un traumatisme (deuil, déménagement, accident, entrée à l'école...) sont ceux que j'ai vus guérir le plus facilement. Néanmoins, ceci doit vous alerter sur un point : la relation exclusive que vous avez avec votre fille. Parlez-lui de votre fierté qu'elle aille à l'école, mettez l'accent sur tout ce qu'elle va apprendre et qu'elle pourra vous raconter lorsqu'elle vous retrouvera.

Bipolarité

« Je suis persuadée que ma nièce de 13 ans souffre de troubles bipolaires ou de dépression. Elle a toujours été une enfant taciturne mais, depuis quelques mois, elle change d'humeur à tout instant. Parfois, elle dit qu'elle en marre de sa vie, qu'elle est moche, qu'elle va se jeter par la fenêtre et, le moment d'après, se regarde dans le miroir, sourit et dit qu'elle a de beaux yeux, par exemple. À votre avis, est-ce une simple crise d'ado ? »

Fabienne, 45 ans, Moulins

Il est important de ne pas passer à côté d'un malaise profond, qu'il soit structurel (bipolarité) ou névrotique (théâtralité, besoin de se mettre en scène…). Le risque est, bien sûr, majoré dans le cas de troubles bipolaires. Le diagnostic est trop grave pour être posé avec aussi peu d'éléments cliniques. La notion de « dépressivité » est fréquente chez l'adolescent. Mais ce qui est le plus important dans votre courrier, c'est la modalité de suicide évoquée par votre nièce : par défenestration. En revanche, son changement d'humeur est plutôt rassurant. Est-elle très théâtrale ? Joue-t-elle souvent la comédie ? Autant de questions à se poser. Mon seul conseil serait de vous rapprocher de ses parents pour les inciter à aller consulter un spécialiste avec leur fille. Il vaut mieux une consultation pour rien que de laisser en danger cette jeune fille de 13 ans, en situation difficile. On pourra toujours parler de « crise » après avoir éliminé un diagnostic d'une plus grande morbidité.

Attention, votre position de tante est un peu gênante car, en cas de diagnostic pessimiste, vous pourriez être tenue pour responsable de la révélation de la maladie. Comme les grands-mères et les cousins, les tantes ne doivent pas être en première ligne. C'est pourquoi je vous incite à parler aux parents de cette jeune fille, à leur passer le relais, plutôt que de vous en occuper vous-même.

Caractère

« J'ai une fille de 16 ans et un fils de 10 ans. Depuis qu'ils sont tout bébés, ma fille est d'un optimisme forcené alors que mon fils, c'est le contraire. Existe-t-il des gènes de l'optimisme ou du pessimisme, ou bien est-ce un événement de la petite enfance qui peut être responsable de ce trait de caractère ? »

Catherine, 38 ans, Nantes

Vous posez la question, incroyablement complexe pour le généticien que je ne suis pas, des gènes de l'optimisme et du pessimisme, tout en vous méfiant un peu de ma réponse, car vous dites : « N'est-ce pas un événement de la petite enfance qui peut être responsable de ce trait de caractère ? »

Je crois surtout que vous nous confiez quelque chose de passionnant : c'est que, déjà bébés, vos enfants étaient comme ça. Je crois qu'on naît effectivement avec un capital d'optimisme ou de pessimisme, et que c'est dans la rencontre avec les autres, dans la vie, que l'on va soit forcer le trait, soit, au contraire, le diminuer.

Il y a aussi le fait que votre fille est peut-être plus à l'aise dans la vie et trouve dans sa scolarité des éléments narcissiques plus facilement que votre garçon. On comprend alors qu'elle soit optimiste, parce qu'elle croit en elle, alors que lui doute de lui-même, justement parce qu'il est en difficulté.

On pourrait aussi prendre le contre-pied de ce que je viens d'évoquer et dire que quelqu'un de vraiment optimiste, sans que cet optimisme s'appuie sur une véritable réflexion, est peut-être moins équipé dans la vie que quelqu'un de pessimiste. Il est possible que ce jeune garçon, en doutant, maintienne une pensée active, ce qui n'est pas toujours le cas d'un optimiste.

Cauchemar

« Ma fille de 6 ans s'est réveillée un matin à cause d'un cauchemar. Depuis, elle a peur de s'endormir le soir et de rêver à nouveau. Comment l'apaiser ? »

Ariane, 32 ans, Redon

J'adorerais connaître ce mauvais rêve, car c'est l'histoire qui est importante si l'on veut comprendre éventuellement pourquoi une peur se fixe chez l'enfant.

En effet, 6 ans, c'est l'âge où des angoisses se cristallisent et peuvent se répéter. Souvent, il s'agit de rêves comprenant la perte d'un être cher, par exemple la mort de sa maman. Réécoutez la chanson *Les Roses blanches* : « C'est aujourd'hui dimanche, tiens ma jolie maman, voici des roses blanches, toi qui les aimes tant… »

On comprend alors pourquoi, si par malheur dans un rêve on perd sa mère, on craint par la suite de se rendormir, pourquoi l'on préfère toujours vérifier que maman est bien là.

À cet âge-là, les rêves comportent donc la peur de la perte, mais aussi du rapt, de l'intrusion, du voleur, du tremblement de terre, de la catastrophe, du cataclysme (souvent induit par l'actualité). Peut-être que, dans votre entourage proche, quelqu'un a disparu ou est malade ? Lorsque le rêve vient cogner sur un fait réel, le rêve se fige et devient, dans la journée, une peur.

Le conseil que je peux vous donner, c'est de parler de ce cauchemar avec votre enfant et d'essayer de le décrypter pour bien le comprendre. Si le rêve est trop compliqué, peut-être qu'un psy, avec la participation de votre fille, pourra vous aider à mieux l'expliquer et donc à le faire disparaître.

Colère

« Mon fils de 7 ans fait des colères dès qu'on lui refuse quelque chose – surtout si on lui interdit de regarder la télé ! Il est de plus en plus violent avec nous, aussi bien dans les paroles que dans les gestes. Je ne sais plus comment gérer ses crises, il est en train de me pousser à bout. Que dois-je faire ? »

Chloé, 32 ans, Cherbourg

« Avec nous », dites-vous. Son père, à mon avis, doit monter en première ligne avec votre participation. Il ne faut surtout pas donner à votre fils l'impression qu'on apprécie son mauvais caractère, comme si cela était un trait favorable de sa personnalité. À l'école, comment se comporte-t-il ? Accepte-t-il les frustrations inévitables de la vie en société ? Est-ce un enfant surinvesti affectivement, né par exemple après le parcours du combattant d'une FIV ou d'une adoption ? Il ne s'agit pas de vous culpabiliser, mais de comprendre les causes de son comportement.

De toute façon, son impulsivité et ses passages à l'acte nécessitent une évaluation. Vous avez, près de vous, à Cherbourg, des professionnels de grande qualité. Prenez rendez-vous au centre médico-psychologique ou dans le service de pédiatrie du centre hospitalier. Cela vous permettra de comprendre quelle souffrance se cache derrière toutes ces manifestations. Une petite sœur ou un petit frère est-il en route ? Une rupture familiale est-elle envisagée ? Souvent, les enfants font tout pour nous énerver afin, paradoxalement, d'avoir des rapports privilégiés avec nous. C'est déjà l'amour vache ! Essayez, dans l'attente de l'évaluation psychologique, d'être le moins « provocable » possible.

Deuil

« Mon mari est mort il y a quatre ans. Depuis, ma fille recopie sur son blog les paroles de chansons morbides. Faut-il les prendre à la lettre ou se libère-t-elle de sa mort par ce moyen, sachant qu'elle en parle peu avec moi car elle ne veut pas me faire de peine ? »

Chantal, 40 ans, Poitiers

Il est bien possible que ce mode d'écriture, très actuel et poétique, compense chez votre fille la perte de son père. De même, acceptons le fait que le moment n'est pas encore venu pour elle de vous en parler. Sans doute, lorsqu'elle s'inquiète de votre santé, est-ce sa façon à elle d'exprimer la perte que vous avez toutes les deux subie. Soyez attentive à ne pas trop pénétrer son espace intime. Les cahiers secrets (même sur Internet !) sont certes faits pour être un jour découverts, mais justement pas dans l'immédiat. On peut y écrire ses doutes, ses craintes, et on en vient souvent à travers eux à inventer une autre réalité. L'écriture peut exagérer les plaintes et les douleurs.

Un de nos plus grands écrivains, Marcel Proust, l'a magistralement démontré tout au long de son œuvre.

Vous savez, Chantal, c'est court quatre ans pour faire le deuil. Soyez patiente… Quand on est adolescent, seul le présent compte, pas le passé. Les circonstances du décès de son papa sont peut-être aussi en cause. Il arrive très souvent qu'il y ait une impossibilité de parler du décès d'un être cher quand celui-ci s'est suicidé. Est-ce le cas pour votre mari ? En tout cas, soyez rassurée, le blog est un moyen comme un autre d'exprimer ce que l'on ressent. La parole viendra plus tard.

Deuil

« J'ai perdu mon petit frère alors que j'étais enceinte de huit mois. Ç'a été un choc terrible mais, paradoxalement, ma grossesse m'a, d'une certaine manière, protégée. Pour mon bébé, je ne me suis pas laissé sombrer. En revanche, aujourd'hui, je me pose des questions. Mon fils de 18 mois est très perturbé. Il dort mal, mange mal… Faut-il que je lui parle de mon frère décédé ? »

Philippine, 28 ans, Divonne-les-Bains

Non, il ne faut pas que vous lui parliez de votre frère décédé. Pas maintenant. À 18 mois, il ne peut pas comprendre, il n'a pas la notion de la mort. C'est beaucoup trop tôt. À 18 mois, il est surtout intéressé par la présence de sa maman, par son absence et sa disponibilité.

De votre côté, il ne faut pas que vous vous laissiez polluer par le malheur qui vous a frappée. Aujourd'hui, ce sont les questions que vous vous posez qui risquent de perturber votre petit garçon. S'il dort mal, s'il mange mal, ce n'est pas en rapport avec votre frère décédé, c'est que, souvent, les enfants de 18 mois ont des troubles du sommeil. À cet âge-là, ce sont tous de vraies bourriques, ils sont en plein dans la phase du non. Il est donc normal que votre fils dorme mal, mange mal et qu'il vous provoque.

Mon conseil sera tout simple : pour l'instant, inscrivez-le à la halte-garderie. Plus tard, quand il sera beaucoup plus grand, vers 6-7 ans, vous pourrez lui parler de la perte de votre frère et de l'importance qu'il a alors eue pour vous dans le soutien de votre moral. Vous pourrez lui dire : « Tu sais, j'ai eu des malheurs mais heureusement que tu étais déjà dans mon ventre car tu m'as beaucoup aidée. J'ai attendu que tu sois assez grand pour t'en parler. Pour moi, il est important que tu saches que j'avais un frère que j'aimais beaucoup et qui est mort, mais que, heureusement, tu étais là. » Il s'agira alors de lui en parler de manière extrêmement positive. Pour l'instant, ne « fabriquez » pas des symptômes qui n'existent pas.

Divorce

« J'ai quatre enfants de 11, 9, 7 et 4 ans. Ils se portaient très bien jusqu'à ce que je me sépare de leur père, il y a huit mois. Depuis, les deux aînés n'adressent plus la parole à personne et les deux plus petits pleurent beaucoup. Moi-même, je suis triste. Suis-je coupable de ne pas leur avoir expliqué que je ne m'entendais plus avec leur père ? »

Justine, 34 ans, Montreuil

Comment voulez-vous qu'ils aillent bien ? Huit mois, ce n'est pas beaucoup pour faire le deuil d'une famille et d'un père qu'on voyait tous les jours. Les enfants réagissent différemment, bien sûr, selon leur âge. Les deux aînés vivent une sorte de sentiment de honte, de distance puisque vous êtes partie, et les deux cadets s'effondrent dans une tristesse, une perte de l'objet aimé, du couple, du papa et de la maman ensemble sous le même toit. De plus, vous-même êtes triste, et ils s'identifient à vous.

« Je ne m'entendais plus avec votre père » n'est pas une explication suffisante pour des enfants. Les parents se disputent, c'est la vie de toutes les familles. Cependant, les enfants ont vraiment très peur quand les disputes augmentent et qu'elles signifient séparation. Il faut savoir, une fois pour toutes, qu'un divorce est difficile pour les enfants, même si c'est bien sûr le droit des parents.

Il manque, dans votre courrier, des informations sur l'attitude de leur père, qui peut se révéler soit une ressource, soit une aggravation. S'il se plaint de votre départ, cela va aggraver la situation de vos enfants, qui se retrouvent dans une situation de double alliance et peuvent se dire : je dois être en même temps fidèle à ma mère et à mon père. Dans ces conditions, on ne peut pas aller bien.

La solution consiste dans des explications plus précises sur les motifs de la séparation – à condition qu'elles soient fournies par les deux parents et de manière homogène. Chose bien difficile, je vous l'accorde, mais c'est aussi cela, le rôle d'un père et d'une mère : mettre de côté les conflits pour le bien de leurs enfants.

Divorce

« Je viens de me séparer de mon mari qui souffre de dépression. Il a obtenu une garde partagée. Je suis inquiète pour l'avenir de mes deux filles, de 10 et 6 ans. J'ai peur que le déséquilibre de leur père ne leur fasse du mal. Qu'en pensez-vous ? »

Mélanie, 30 ans, Le Mans

Cette question montre les limites de la garde alternée. Vous dites qu'« il souffre de dépression », mais le juge aux affaires familiales ne l'a visiblement pas considéré comme invalide ou incapable d'organiser une garde alternée. Il est peut-être tout simplement malheureux et surtout désespéré d'avoir été abandonné.

Imaginons maintenant qu'il présente réellement une pathologie psychique. Il vous reste la possibilité d'un recours auprès du juge. La garde alternée fait également intervenir souvent les grands-parents : ils peuvent être un réel soutien pour votre mari. Vos deux filles ont un travail psychique à effectuer et désirent peut-être soutenir leur père fragile. C'est un élément important à prendre en compte. Elles risquent à distance de vous en vouloir d'avoir quitté cet homme en difficulté, d'autant plus si vous les privez d'une garde partagée. Après une séparation, les enfants de cet âge pensent que tout peut s'arranger et que leurs parents pourront finalement revivre ensemble. Surveillez avec tranquillité leur évolution et ayez confiance dans le talent des deux sœurs pour « consoler » leur papa. N'insistez pas sur la dépression du père : ce qui se passe chez lui le concerne… Et je suis sûr que l'avenir vous rassurera.

Divorce

« Mon fils de 12 ans ne veut plus aller dormir chez son papa depuis que son frère de 18 ans n'y va plus. Il refuse d'en discuter. Comment dois-je m'y prendre pour arranger la situation ? »

Christelle, 44 ans, Cannes

Dans les histoires de séparation, il arrive souvent que le cadet suive à la lettre toutes les attitudes de son aîné. Celui-ci étant désormais majeur, il a le droit de décider de ne plus aller chez son père. N'empêche que votre fils de 12 ans ne l'est pas et vous met en difficulté en ne respectant plus le droit de visite légal de votre ex-époux.

Il faut lui dire l'embarras dans lequel il vous met : son père va croire que c'est une manipulation de votre part et ne va pas tenir pour acquis le fait qu'il s'identifie à son frère. Peut-être qu'une discussion avec vos deux fils pourrait vous aider. Mais, attention, dans ce cas, il faut bien dire à votre aîné que lui fait ce qu'il veut, mais que son frère cadet a obligation d'aller voir son père parce que c'est la loi. Vous leur expliquerez aussi que les juges aux affaires familiales sont déterminants dans cette histoire, que ce sont eux qui décident, non les parents. Si cela ne suffit pas, il faudra que votre enfant soit entendu par le juge afin qu'il lui rappelle lui-même la loi.

La difficulté, c'est qu'au fond de vous-même vous comprenez tout à fait que votre fils de 18 ans ne veuille plus voir son père. Faites attention à ce que, inconsciemment ou consciemment, votre fils cadet ne veuille pas, par solidarité, se joindre au groupe que vous constituez tous les deux, hostile quelque part à ce père que vous jugez défaillant.

Divorce

« Après avoir passé des vacances avec son père, mon fils de 10 ans m'a demandé ce qu'il fallait faire si " on " voulait vivre avec son autre parent. Je suis malade rien que de penser que je risque de le perdre, mais je veux avant tout qu'il soit heureux. Depuis toujours, je me débrouille sans pension alimentaire et sans un quelconque appui de la part de son père, un ex-toxicomane. Que dois-je faire ? »

Christelle, 41 ans, Digne

Votre question est très intéressante car elle soulève un problème qui se pose à tous les enfants dont les parents sont séparés. Tous, à un moment ou à un autre, veulent ou s'imaginent vouloir vivre chez le parent non domiciliateur. Même si ça fait mal, il faut comprendre que le divorce est toujours difficile à vivre pour un enfant, quelles que soient les bonnes raisons des adultes. D'autant plus dans le cas de votre fils, car son père est fragile. Il a besoin d'un papa héros, plus fort que les autres. Il est important pour lui d'imaginer que vous vous êtes aimés, que quelque chose chez son père vous inspire du positif ! Parlez-lui sans crainte de sa demande, parce qu'il désire peut-être simplement vérifier que vous ne voulez pas qu'il parte. Et s'il s'avère qu'il veut vraiment vivre avec son père, ne vous inquiétez pas, il reviendra très vite, sans doute au bout d'un an ou deux. En tout cas, il faut que vous compreniez que plus vous avez peur qu'il parte, plus il risque de penser que vous lui cachez des choses sur son père. La plupart des mamans dans votre cas que j'ai rencontrées lors de consultations sont ressorties de cette parenthèse plus fortes, mieux aimantes et rassurées quant à leur maternité.

Par ailleurs, vérifiez qu'il est conscient que ce changement de domicile entraînera un changement de collège, donc le risque de perdre ses amis. Attention, n'utilisez pas cela comme un argument commercial sur le plan affectif…

Divorce

« Ma fille, qui est séparée de son conjoint depuis un an, ne vient pas à bout de ses deux enfants, âgés de 6 ans et demi et 3 ans. Avec leur papa, ils obéissent, mais avec elle, rien à faire. Devant eux, elle se sent transparente. Ils rigolent quand elle les gronde. Elle n'en peut plus. Nous sommes très inquiets pour notre fille. »

Joëlle, 52 ans, Lunel

Il me manque un élément : qui a décidé de la rupture ? Si c'est votre fille, elle se sent sans doute coupable et a encore l'impression d'avoir privé les enfants de leur père, ce qui expliquerait que ces « garnements » lui règlent son compte en idéalisant le papa qui a été quitté par rapport à la méchante maman qui a abandonné son mari.

A contrario, si c'est le père qui est parti, elle est effondrée, se vit comme une incapable, ayant perdu le soutien de l'homme qu'elle aimait et qui lui manque profondément. Elle se demande toujours si elle peut jouer tout à la fois le rôle du père et de la mère. Quelle est la solution ?

L'idéal serait qu'un amoureux surgisse dans la vie de votre fille. En effet, si elle avait un compagnon, celui-ci pourrait l'aider à faire respecter sa parole tout simplement en étant là. En outre, une présence masculine rassurerait les deux enfants. En attendant, il faut peut-être que vous vous y colliez, que le grand-père et vous suppléiez votre fille dans ce registre de difficultés. Le but, c'est qu'elle ne soit pas isolée face à la révolte des enfants, qui manifestent par leur comportement qu'il leur manque une famille, c'est-à-dire un triangle représenté par un homme, une femme et des enfants.

DON DE SPERME

« Mon compagnon étant stérile, ma fille est née grâce à un don de sperme. Aujourd'hui, elle est âgée de 9 ans. Certains amis me disent qu'il faudrait que je lui en parle, d'autres pensent qu'il faut que je taise le fait que son père n'est pas son géniteur. Qu'en pensez-vous ? »

Amélie, 38 ans, Toulouse

Je pense que les deux attitudes sont possibles. Cependant, j'ai l'impression que vous en avez parlé beaucoup autour de vous puisque certains de vos amis sont au courant. Si vous aviez décidé de taire ce don de sperme, il fallait que ça reste entre le papa stérile et vous. À partir du moment où vous en avez parlé, vous devez le révéler à votre enfant.

Reste le problème de son âge. Elle est un peu jeune sans doute. Encore qu'à 9 ans elle peut comprendre beaucoup de choses ; on pourrait même dire qu'il est peut-être plus pertinent de lui parler de tout cela avant l'adolescence.

Mais je me demande surtout si c'est à vous de le dire. Je pense que ce serait mieux si c'était son père qui lui parlait du désir qu'il avait eu d'avoir un enfant avec vous, qui lui disait que, depuis le début de la grossesse, il était son père et que, bien sûr, il avait connu des problèmes au niveau de ses petites graines qui n'étaient pas assez vives et fécondes, mais qu'il avait choisi d'avoir un enfant avec la femme qu'il aimait, qu'elle était sa fille et qu'il l'aimait.

L'histoire du don de sperme pose un problème pour moi assez particulier, parce que votre fille risque de se demander : « Mais alors, qui est mon père ? » Le don de sperme est anonyme. On le compare abusivement, et un peu facilement, à un don de sang. Cela n'a rien à voir. Le don de sperme, c'est aussi le don de certaines particularités, d'un capital génétique, et tant que la loi exigera l'anonymat, il sera compliqué de dire à un enfant qu'il est né d'un don de sperme, parce qu'il risque d'être à la recherche perpétuelle de ses origines.

Dyspraxie

« Mon fils, dyspraxique, a connu de gros problèmes à l'école en CP et CE1. Il a suivi une rééducation pendant dix-huit mois. Depuis, sa scolarité se passe très bien. Aujourd'hui, il est en CM2. Nous allons déménager en cours d'année et il doit changer d'établissement. Faut-il que je mette au courant son instituteur ou est-il préférable que je ne dise rien et qu'il recommence sa scolarité vierge de toute " étiquette "? »

Maya, 38 ans, Perpignan

Vous dites que votre fils a connu des problèmes de dyspraxie.

Il existe une théorie selon laquelle les troubles de la scolarité sont dus à des troubles instrumentaux comme la dyslexie, l'instabilité, la dyspraxie. Il s'agirait alors de quelque chose de neurologique, qui peut même être visualisé avec l'IRM séquentielle : c'est une radio dynamique où l'on voit la pensée figurée – on dirait de la science-fiction !

Il semble que, pour votre fils, en dix-huit mois, la rééducation ait fonctionné. *A priori*, ce n'était donc pas très organique puisque l'on guérit difficilement d'une lésion neurologique par une rééducation (si je continue sur ce registre, je vais me faire incendier par tous les rééducateurs !). Mais, dans le fond, peu importe : le principal, c'est que les rééducations réussissent à stabiliser les enfants. Ce qui a été le cas pour votre fils.

Quelle drôle d'idée quand même de déménager au milieu du CM2 ! Je crois que votre fils est rassuré par son parcours dans cette école primaire, alors ne pourriez-vous pas attendre un peu ? Vous me trouvez horriblement culpabilisateur ! C'est vrai que, parfois, on n'a pas le choix, mais peut-être que, si vous ne travaillez pas, vous pouvez attendre que le CM2 se termine avant de rejoindre votre mari ?

Si vous devez absolument déménager en cours d'année, je crois que la solution serait que le professeur des écoles du CM2 mette au courant lui-même l'instituteur de l'établissement dans lequel votre fils va être scolarisé. Ainsi, les immenses progrès réalisés par votre fils seront mis en valeur. S'il n'est pas informé, le nouvel enseignant, en repérant certaines petites séquelles, risque de s'affoler pour rien et de revenir à la case départ ; ce qui serait préjudiciable à votre enfant.

Échec scolaire

« J'ai une fille de 9 ans. J'ai perdu pied concernant son éducation (travail, deuxième enfant, etc.). Elle a beaucoup de mal à l'école. Peut-on rattraper ce retard ? Elle ne m'obéit plus, me répond... Je me sens extrêmement coupable. Que puis-je faire pour me rapprocher de mon enfant à nouveau ? »

Marianne, 36 ans, Pierrefort

Elle a l'âge du CM1, une classe cruciale, et c'est en effet le moment pour elle de se mettre à apprendre et à travailler. J'ai une théorie là-dessus : quand on réussit le CM1, on réussit toute sa scolarité. (C'est ce que j'ai constaté au cours de ma longue expérience.) De votre côté, il faut que vous arriviez aussi à ne pas tout focaliser sur le travail scolaire. Pourquoi ? Parce que votre fille perçoit votre déception et, inconsciemment, se conforte dans une mauvaise image d'elle-même.

Intéressez-vous plutôt aux choses dans lesquelles elle réussit : le sport, la danse, sa relation avec ses grands-parents (qui peuvent être un relais essentiel)...

Participez avec elle à des activités apparemment inutiles qui lui permettront de vous renvoyer une belle image d'elle-même. Elle pourra alors sortir de ses difficultés d'apprentissage, de sa potentielle rivalité fraternelle sans en souffrir.

Et si vraiment elle continuait à être en échec scolaire, pourquoi ne pas s'acheminer vers une autre voie, une scolarité adaptée ? Ce qui importe, c'est la sauvegarde de son autonomie.

Partez à la recherche d'éléments positifs, extrascolaires, chez votre fille, d'heureuses surprises vous attendent…

Émétophobie

« Ma fille de 17 ans a une peur terrible d'avoir une gastro et de vomir. Cette phobie survient surtout le soir ou lorsque quelqu'un est malade dans son entourage. Dans ce cas, elle mange très peu et seulement parce que je l'y oblige. Dois-je consulter ? »

Christelle, 43 ans, Cassis

Votre fille présente une émétophobie, nom savant pour désigner la « peur de vomir ». C'est un trouble que je rencontre d'habitude chez des enfants plus jeunes.

J'ai quelques questions à vous poser pour compléter votre courrier. N'aurait-elle pas des problèmes de poids, de silhouette ? C'est sans doute une déformation professionnelle chez moi, qui travaille beaucoup avec des adolescentes souffrant de troubles alimentaires. En effet, j'ai souvent constaté que la peur de vomir existait chez les jeunes filles qui se trouvaient trop grosses. Mais ce n'est qu'une hypothèse… Par ailleurs, a-t-elle été malade récemment ? Quelqu'un de son entourage l'a-t-il été ? Cette peur existe-t-elle depuis longtemps? Parfois, il suffit d'une gastro-entérite ou d'un malaise pour créer ensuite, à partir de l'anxiété, une répétition somatique du symptôme qu'on a eu.

Je crois que vous devez consulter. Trois techniques sont pratiquées pour traiter ce symptôme : la psychothérapie classique, la thérapie cognitivo-comportementale et la thérapie à médiation corporelle. Allez consulter le pédiatre ou le médecin en qui vous avez confiance, afin qu'il vous oriente plutôt vers l'une ou l'autre de ces thérapies.

ENCOPRÉSIE

« Je suis bouleversée car je me rends compte que l'encoprésie[1] *de mon petit-fils de 12 ans, qui a été diagnostiquée il y a quelques années, n'est pas prise en charge. Je redoute de devoir en parler de nouveau avec ma fille et mon gendre. Que faire, en tant que grand-mère, pour lui venir en aide ? »*

Noëlle, 59 ans, Juan-les-Pins

Oui, je reconnais qu'une encoprésie à 12 ans, c'est tard. Plus l'enfant est âgé, plus la dissociabilité que ces pertes fécales entraînent est importante et plus l'inquiétude augmente.

Je comprends également votre crainte d'en parler de nouveau avec votre fille et votre gendre, mais est-ce que vous ne pourriez pas en discuter directement avec votre petit-fils ? Pourquoi ne pas aller voir un médecin avec lui, peut-être sans le dire à son père et à sa mère ? Comme ça, c'est lui qui serait acteur de son traite-

1. Trouble du contrôle du sphincter anal qui persiste au-delà de l'âge habituel de l'acquisition de la propreté.

ment, qui proposerait un nouveau protocole à ses parents, et non l'inverse. Vous pouvez aussi lui dire qu'il existe certains établissements qui prennent en charge ce type de symptômes en proposant différentes thérapies, de la relaxation, des groupes de parole. Il pourrait y être placé le temps des vacances, pendant un mois ou quarante-cinq jours. S'il adhère à cette démarche, je vous garantis que le résultat sera extraordinaire : tout simplement parce qu'il décidera de se guérir plutôt qu'on le guérisse. Or c'est la clé de la guérison de l'encoprésie. Tant qu'on s'oppose à eux et qu'on est hostile, les enfants maintiennent le symptôme. L'encoprésie, c'est surtout être puni pour être aimé.

L'enfant émet ce signe négatif et dyssocial afin qu'on s'occupe de lui, y compris dans sa saleté. Si l'on demande au contraire aux enfants de participer à leur guérison, ce qui implique souvent une exclusion temporaire de la famille (pendant les vacances d'été), on s'aperçoit que la guérison du symptôme ouvre le champ vers d'autres possibilités. C'est une sorte de fierté retrouvée.

Encoprésie

« Ma fille a 3 ans et fait toujours caca dans sa culotte. Du coup, après deux mois d'école, elle est obligée de retourner à la crèche. Pourtant, elle réclame à aller à la maternelle. Je me sens coupable car je me suis plusieurs fois énervée contre elle. Comment réagir ? »

Élisabeth, 38 ans, Barcelonnette

Généralement, les enfants deviennent vraiment propres l'été qui précède leurs 3 ans, date fatidique de leur entrée dans cette belle école de la République qu'est la maternelle. Votre fille se trouve donc obligée de retourner à la crèche parce qu'elle n'est pas propre. Cependant, il y a sans doute autre chose qui fait qu'elle se désadapte de l'école. Et il manque dans votre lettre d'autres signes, qui expliqueraient pour moi le fait qu'elle retourne à la crèche. N'est-elle pas encore un grand bébé ? Néanmois, si elle réclame l'école, c'est qu'elle veut grandir et progresser. Voilà un élément positif dans votre courrier.

Je comprends que vous vous soyez énervée plusieurs fois contre elle, mais je crois vraiment que l'encoprésie nécessite un soutien psychologique. Car le paradoxe de ces enfants, c'est que, pour eux, être punis ou avoir des conflits, c'est avoir une excellente relation avec leurs parents. Le fait que les parents les engueulent les met en situation privilégiée. A-t-elle eu un petit frère ou une petite sœur qui fixerait sa régression ? Vous êtes-vous séparée de son père ? Avez-vous déménagé ?…

Je crois qu'il faut réagir en lui disant qu'elle va *se* guérir, et non pas qu'on va *la* guérir. Mais pour se débarrasser vraiment de ce problème, il faudra qu'elle ait un tiers à qui parler, qui ne soit ni sa mère, ni son père, ni sa grand-mère.

De temps en temps, faites-la se changer elle-même, demandez-lui de mettre ses habits souillés dans le panier à linge, de faire tourner la machine, de se nettoyer. Ainsi, elle sortira de sa position de bébé.

Enfant du milieu

« Je suis maman de trois enfants, une fille de 14 ans, et deux garçons de 11 et 2 ans. C'est celui du milieu qui nous pose un problème. Depuis toujours, il a des hauts et des bas : refus de l'autorité et de toute contrainte, hypersensibilité, manque de confiance en lui, mais ce qui me fait le plus de peine, c'est que je le sens triste. Il pleure souvent, crie, s'énerve, donne des coups de pied dans les objets. Je ne sais plus comment me comporter… »

Véronique, 42 ans, Roquefort

La problématique de l'enfant du milieu est un grand standard. Pourtant, c'est un enfant souvent plutôt à l'abri. En effet, il n'a pas la responsabilité de l'aîné et n'est pas confronté aux inconvénients du statut de petit dernier. Pour moi, c'est plus la fragilité de votre fils qui pose problème que sa position dans la fratrie. Je crois que cet enfant a besoin d'une prise en charge psychologique, car non seulement il est toujours en opposition mais, de plus, il s'en veut de cette opposition. Vous décrivez à la fois un refus d'autorité et l'expression d'une violence envers des objets, des coups de pied, comme pour ne pas se donner des coups de pied à lui-même. Comme il a 11 ans, c'est le moment d'intervenir, avant que l'adolescence ne vienne complexifier son comportement. Le trouble de la confiance en soi, à la sortie du CM2, entraîne parfois des adolescences bien difficiles et je ne peux que vous engager à aller consulter pour introduire un tiers dans la relation.

Pour autant, il ne faut pas qu'il se sente singularisé par rapport à vos deux autres enfants, qui sont, eux, apparemment plus faciles à accompagner dans leur éducation. Attention donc à ne pas le stigmatiser encore plus par une prise en charge qui risquerait de l'isoler. Soyez discrets. Il faudrait que ça reste entre lui, son père et vous, que son petit frère et sa grande sœur n'y soient pas mêlés, sauf si cette dernière participe de son trouble de la confiance en soi. Ce serait le cas, par exemple, si votre fille de 14 ans avait toutes les qualités : imaginez comme il peut être difficile, pour un enfant en proie au manque d'estime de soi, d'arriver après une grande sœur modèle !

ENFANT PRÉFÉRÉ

« Je suis mère de " faux " jumeaux aujourd'hui âgés de 20 ans. L'un des deux montre des signes de dépression. Je m'en veux beaucoup car j'ai l'impression de ne pas l'avoir aimé autant que son frère quand il était bébé. Il pleurait beaucoup et j'avais du mal à le supporter. »

Evelyne, 56 ans, Montreuil

Je crois que l'on aime ses enfants de manière différente, et tant pis si mon propos peut paraître scandaleux, que l'on peut préférer un de ses enfants. C'est justement cela, être parent : être plus attentif à celui avec lequel on a le moins de facilité. Je m'explique : imaginons une fille très douce, très compétitive en classe, pleine d'attentions pour ses grands-parents, qui s'autonomise tout en restant proche. Et puis un garçon en difficulté d'apprentissage, refusant sa scolarité et préférant les « pétards ». Franchement, de temps en temps, ses parents peuvent trouver ce dernier pénible et, pourtant, c'est celui-là qu'il faut soutenir.

Dans votre cas, dès le début, un des deux frères a été plus difficile, et cette option s'est confirmée jusqu'à aujourd'hui. Vous culpabilisez alors à cause de votre sentiment de rejet. Mais c'est justement en reconnaissant cette distance qu'apparaîtra le début de la solution. Il faut que vous vous disiez : « Je suis moins proche de lui, il a 20 ans et tout est encore jouable. » Vous devez lui parler de sa sensibilité (il la tient de vous ou de son père ?), qui est présente depuis l'origine de sa vie. Vous pouvez aborder avec lui le fait qu'il a eu du mal à construire sa confiance en lui. Pourquoi ne pas envisager une thérapie familiale pour mieux se comprendre tous et accompagner ce garçon fragile ? Tenez bon !

Enfant préféré

« Mon mari ignore totalement notre fils de 15 ans, et ce depuis sa naissance ! Il n'est pas très intéressé en règle générale par les enfants, mais il n'a pas la même attitude avec nos deux autres fils de 12 et 7 ans. Est-ce juste une histoire d'atomes crochus, à votre avis ? »

Marie-Josée, 42 ans, Saint-Mandé

Les hommes des générations précédentes étaient peu doués pour la communication avec leurs enfants. Les nouveaux pères, eux, sont à glorifier pour leurs talents de communicants et leur participation dans la vie familiale. Votre époux, quant à lui, évoque un peu l'ancien temps, où les distances constituaient le mode habituel des rapports père-fils. Il faut aussi examiner l'autre protagoniste. Comment ce fils se comporte-t-il avec son père ? Vous dites « atomes crochus », on pourrait parler aussi de « chromosomes non compatibles » : ils ont bon dos, ces « atomes crochus », c'est une excuse qui en dit long ! Avez-vous essayé de les laisser seuls ? Est-ce que vous ne protégez pas trop votre fils ? Son comportement n'est-il pas une façon de protéger cette relation privilégiée qu'il a avec vous ? N'est-ce pas une façon de capter sa mère que de la désigner comme son soutien principal ?

Quelle relation a-t-il avec ses frères ? N'est-il pas dans une rivalité fraternelle féroce du fait de la différence visible d'intérêt du père ?

J'ai envie de vous faire une proposition difficile et discutable : suggérez à votre époux de parler de tout cela avec un tiers et toute la famille. Il refusera, sans doute, mais cette proposition peut entraîner malgré tout un changement. On essaie ?

ENFANT TYRAN

« Notre enfant de 2 ans et demi a un caractère assez fort. Alors que tout se passe bien à la crèche, il se déchaîne dès qu'il rentre à la maison. Quand quelque chose ne lui plaît pas, il le jette en l'air et parfois se met à nous frapper. Que faire ? »

Lætitia, 24 ans, Baugé

La clé de votre question se trouve dès le début de votre propos. Derrière « il a un caractère assez fort », je sens poindre le sourire de son père et la satisfaction d'avoir un petit garçon énergique comme le vôtre. Ce qui me rassure dans ce courrier, c'est que, dès qu'il est en collectivité, tout va bien. En revanche, il a décidé d'être un tyran domestique, croyant que vous aimer, c'est vous persécuter, vous bousculer comme des espèces de jouets un peu trop gros qui seraient, certes, ses parents, mais aussi et surtout des punching-balls potentiels ! Il va quand même falloir que vous posiez des interdits. La frustration est nécessaire, et vous n'avez pas à accepter qu'il vous frappe. Dans ces cas-là, il faut lui dire : « Maintenant, va dans ta chambre. Je ne veux plus jouer avec toi. Je ne te supporte plus et je ne veux pas d'un petit garçon comme ça. » Des mots terribles, qui vous blessent déjà, ne serait-ce qu'en les lisant, et qui heurtent sûrement beaucoup d'autres mamans, mais qui doivent être dits. Il faut apprendre que, pour être aimé, il faut déjà simplement être aimable. Et celui qui croit que la provocation et les coups sont un mode de communication se trompe. Or dire à un enfant qu'il se trompe quand il se trompe, c'est jouer son rôle de parent.

Enfant unique

« J'ai un petit garçon de 4 ans. Avec mon mari, nous aimerions bien avoir un bébé mais, si je veux être honnête, j'avoue que je n'arrête pas de repousser la décision parce que j'ai peur de ne pas pouvoir aimer ce deuxième enfant comme j'aime mon fils. »

Élisabeth, 28 ans, Villejuif

Il y a une chose dont je suis sûr : on n'aime pas de façon identique ses enfants. Ce n'est absolument pas grave que vous aimiez moins cet hypothétique bébé ; vous l'aimerez différemment. De plus, votre fils a 4 ans ; le temps que vous mettiez en route le deuxième enfant, il aura des souvenirs parfaits avec vous, et je ne me fais pas de soucis pour ses relations avec son futur petit frère ou sa future petite sœur.

Cependant, votre question est tellement ambiguë que vous ne semblez pas encore être totalement prête à avoir un autre enfant. Je ne pense pas qu'on puisse prendre cette importante décision avec des hésitations. J'ai relu plusieurs fois votre courrier et, franchement, j'ai l'impression qu'au fond de vous vous ne voulez pas ce deuxième enfant. Dites-vous qu'avoir un enfant unique n'est pas une maladie. N'est-ce pas finalement ce que vous souhaitez, en tout cas pour le moment ? Cela mérite réflexion. Soit vous décidez de ne pas avoir de deuxième enfant, soit vous décidez d'en avoir un et, dans ce cas, ne vous inquiétez pas : c'est lui qui vous parentalisera, c'est lui qui fera de vous une maman aimante et affectueuse.

Enfant unique

« Ma fille unique de 14 ans se retrouve isolée dans son collège. Toutes ses copines se sont peu à peu détournées d'elle, puis ce fut au tour de la classe dans son ensemble. Elle subit un véritable harcèlement. Elle pleure tous les soirs. J'ai peur qu'elle perde confiance en elle. »

Anne, 48 ans, Bitche

Un enfant unique a besoin d'amis, car il n'a pas de fratrie lui permettant ce type de contact. Mais, en général, les enfants uniques font tout pour casser, saboter leurs relations avec leurs pairs. Généralement, ils ont un seul meilleur ami, avec qui la relation est un équivalent de la relation fraternelle. Peut-être cette jeune fille est-elle trop avide, trop demandeuse de contacts, et sa maladresse la fait-elle rejeter par les autres ? Et voilà qu'elle déprime. Or, paradoxalement, vous n'êtes pas la mieux placée pour l'aider. Pourquoi ? Parce que vous êtes sa mère et pas son amie, et qu'il ne faudrait pas qu'elle projette sur vous ce qu'elle ne peut obtenir de ses camarades. Attention à ce qu'elle ne tombe pas dans la régression. Une attitude plaintive l'enfoncerait dans son marasme au lieu de la rassurer. Dites-lui que vous allez l'accompagner chez quelqu'un ; cela lui permettra de comprendre pourquoi elle est rejetée et lui donnera la force de construire ses amitiés. C'est une bien belle indication de psychothérapie, à laquelle il ne faut pas oublier de faire participer le père, surtout s'il est réticent. Les progrès suivront…

Énurésie

« Mon fils de 6 ans est propre dans la journée, mais la nuit, c'est beaucoup plus compliqué. Il fait souvent pipi au lit. Ce que je trouve bizarre, c'est que chaque fois que je le félicite, le lendemain, il recommence. Est-ce que ce n'est pas de la provocation ? »

Nicolas, 30 ans, Dijon

L'énurésie[1] nocturne, qui touche à peu près 15 % des enfants, est inconsciente et involontaire. En revanche, l'énurésie de jour signe plus souvent une anxiété et est beaucoup plus problématique que le pipi au lit.

Je trouve vraiment que cet enfant est en voie de guérison. À partir de 6 ans, 15 % des enfants énurétiques guérissent chaque année. Par contre, je pense qu'il ne faut pas le féliciter, il vaut mieux banaliser ses réussites parce que, sinon, systématiquement le lendemain, il recommencera. Ce n'est pas de la provocation, mais il montre ainsi sa capacité à régres-

1. Émission involontaire et inconsciente d'urine.

ser, à être un petit bébé qui se mouille et que sa maman change.

Je crois aussi que, plutôt que de parler de *votre* plaisir, il faudrait lui parler de *sa* guérison. Je propose qu'il tienne un petit carnet où, chaque jour, il dessine soit un rideau de pluie lorsqu'il a fait pipi, soit un grand soleil quand il n'a pas fait pipi, et qu'il vous montre mensuellement le carnet. Au bout de quelque temps, vous verrez, il aura guéri tout seul, sans votre participation ; il ne jouera plus le bébé régressif qui demande à sa maman de le changer et de s'occuper de lui.

Attention quand même à une énurésie qui se prolonge : dans ce cas, il faut aller consulter. Car, à partir du CP, il risque d'y avoir des classes vertes, et, bien que l'Éducation nationale ait fait d'immenses progrès en acceptant les enfants énurétiques, cela risque d'être gênant pour lui vis-à-vis de ses petits camarades. Sachez, en tout cas, que l'énurésie n'a aucune conséquence à l'âge adulte…

« J'ai quatre enfants de 10, 8, 6 et 4 ans, tous bruns aux yeux noirs, comme mon épouse et moi, sauf le troisième qui est blond aux yeux bleus comme ma grand-mère ! Moi, je suis ravi, mais lui se considère comme le " vilain petit canard ". Il pense que nous l'avons adopté. Que pouvons-nous lui dire pour qu'il se considère comme l'un des nôtres ? »

Philippe, 45 ans, Le Havre

Vraiment, ce troisième est pénible ! Moi qui, comme tous les bruns, ai rêvé toute ma vie d'être blond, j'ai du mal à entendre que quelqu'un ayant les cheveux blonds et les yeux bleus se plaigne d'être un vilain petit canard. On aura tout vu !

Trêve de plaisanterie, votre enfant pose une question fondamentale et théorique, beaucoup plus belle qu'elle n'en a l'air.

À l'âge de 6 ans, tous les enfants pensent qu'ils ont été adoptés. Je m'explique : à cet âge, ils imaginent tous qu'ils ne sont pas nés de leurs parents, mais issus de rois, de princes et de princesses… C'est pour ça qu'on s'intéresse tellement aux familles royales, qui sont très importantes pour la projection fantasmatique des enfants.

Nous avons tous, vous comme moi, pensé, quand nous étions petits, que nous étions « fils de roi ». Ensuite, ça passe, on finit par vivre avec notre désarroi de n'être que des gens du commun. Et puis après, on a des enfants, qui font comme nous…

En ce qui concerne votre fils, il y a une chose toute simple à faire pour le rassurer : lui montrer son échographie. Quand il la verra, il se dira : « Si j'étais dans le ventre de ma maman, ma maman, c'est donc bien ma maman. » Mais tout ne sera pas résolu pour autant, car il enchaînera aussitôt : « Mais mon père n'est pas mon père… » Et l'on en revient à votre grand-mère, qui était blonde aux yeux bleus. C'est votre botte secrète, plus identificatoire encore qu'une échographie. C'est elle, avec ses traits caractéristiques, qui prouve que vous êtes bien génétiquement le papa de votre fils. Peut-être que, pour enfoncer le clou, il faut mettre dans la chambre de votre fils une photo de votre grand-mère aux yeux bleus.

Filiation

« J'ai un fils de 3 ans et demi qui n'a pas été reconnu par son père. Je voudrais savoir à quel âge je dois lui révéler son identité, sachant qu'ils ont régulièrement l'occasion de se croiser sans que mon fils sache de qui il s'agit. »

Ariane, 36 ans, Angers

Votre question est d'une grande modernité. En effet, les nouveaux tests génétiques ont changé la donne en matière d'établissement de la paternité. Votre fils est dans une situation difficile du fait de la proximité de son père et aussi de son entrée prochaine à l'école. En maternelle, il y aura « l'heure des mamans et des papas » ; il faut donc lui parler de son père pour qu'il puisse répondre aux questions éventuelles de ses petits camarades : « Pourquoi ton papa ne vient pas te chercher ? Pourquoi c'est ton grand-père ? » Il doit pouvoir mettre des mots sur ce père biologique.

En revanche, il est trop petit pour aborder la notion de « reconnu », « pas reconnu ». Il vous reposera ces questions entre 6 et 12 ans, pendant cette période qu'on appelle phase de latence. Il vous faudra alors dire la vérité, répondre, si c'est le cas, que vous aviez décidé d'avoir cet enfant, mais pas son père. Cette question, de toute façon, se posera tout au long de sa vie. À l'adolescence, il risque d'idéaliser le papa qu'il n'a pas connu. Il mettra en doute vos propos et cherchera à le rencontrer. Quand il aura lui-même des enfants, il faudra qu'il leur en parle. Attendez-vous alors à être de nouveau interrogée par votre fils et vos petits-enfants.

FIV

« Ma sœur a attendu dix ans avant de pouvoir tomber enceinte, grâce à une FIV. Avant, nous étions très proches, très solidaires. J'ai moi-même cinq enfants, et je l'ai énormément aidée et soutenue dans son parcours du combattant. Depuis le jour où elle est devenue maman, elle m'a écartée de sa vie et me fuit. J'ai l'impression que je ne lui sers plus à rien, qu'elle m'abandonne. Je le vis très mal. Pourquoi agit-elle comme ça ? »

Marithé, 45 ans, Annecy

Les bébés nés par FIV (fécondation *in vitro*) sont des enfants précieux et, en cas de réussite, les parents – qui ont eu tellement peur de ne jamais être parents – se replient sur eux et sur le groupe restreint père-mère-enfant-tant-désiré, qui symbolise la famille. Il faut que vous sachiez attendre que votre neveu ou nièce grandisse, afin qu'il ait besoin de copier ses cousins et cousines, jouer avec eux, agrandir son monde grâce à la notion de famille élargie, celle qu'il formera avec vos enfants. Vous avez été un soutien pour votre sœur, mais vous représentez aussi toutes les craintes qu'elle a eues pendant ce que vous appelez à juste titre le « parcours du combattant ». De manière plus générale, très souvent, lorsqu'on aide quelqu'un à réussir, il se détache de celui qui l'a aidé pour devenir propriétaire de son succès, en oubliant le soutien qu'on lui a apporté.

J'aimerais bien que nous entrions en contact afin que vous me racontiez votre enfance avec votre sœur, quand vous jouiez à la poupée ensemble. Est-ce qu'elle jouait bien ? Mieux que vous ? Est-ce qu'elle s'amusait à être votre fille ? Vous savez, toutes les sœurs sont en compétition en tant que futures mères. Qui sera la première à avoir des enfants ? Qui sera la meilleure mère ? Tenez bon, ne vous en faites pas, elle finira par revenir vers vous…

FUSION

« J'ai un petit garçon de 2 ans qui, lorsqu'il est tout seul avec moi, s'amuse, ne voit que moi. Mais, dès que son papa est là, il m'ignore. Ça me fait beaucoup de peine. Comment expliquer cela ? Suis-je une mauvaise mère ? »

Ingrid, 26 ans, Ancenis

Ce petit garçon de 2 ans qui vous ignore quand son papa est là va vraiment très, très bien. Je voudrais entendre beaucoup plus souvent ce genre de chose. En effet, on me dit plus fréquemment : il ne joue qu'avec moi, il ne veut pas le faire avec son père, c'est-à-dire que je passe mon temps, avec les petits garçons ou avec les petites filles de 2 ans, à « réintroduire du père ».

Et, là, voilà que ce petit garçon magnifique a bien compris qu'il a un père *et* une mère : il joue beaucoup avec vous et, dès que son papa est là, il vous ignore. Je ne comprends vraiment pas que cela vous fasse de la peine. Vous devriez en profiter pour souffler, lire *Version Femina*, aller vous balader, voir vos copines… Comment expliquer cela ? Je crois sincèrement que votre problème à vous, c'est que vous êtes trop collée à ce petit garçon qui, lui, se détache. Comment ferez-vous quand il rencontrera une fille qu'il aimera et qu'il partira habiter avec elle ? Que ferez-vous quand il partira en vacances ?

Je ne trouve pas que vous soyez une mauvaise maman, vous êtes sans doute une trop bonne maman, ce qui est une catégorie beaucoup plus répandue ! Soyez, comme le disait Winnicott, une fois pour toutes une « mère suffisamment bonne », c'est-à-dire une mère moyenne, capable de se détacher de son enfant et de le laisser jouer avec son papa. Mais, encore une fois, vive votre petit garçon !

Grands-parents

« J'ai accouché de mon premier bébé en juin dernier. Depuis, ma mère (avec qui je me suis toujours très bien entendue) ne cesse de me critiquer. Selon elle, je fais tout de travers : le changer, le nourrir, le bercer... Au lieu de m'aider, elle m'enfonce. Pourquoi agit-elle comme ça ? »

Adèle, 26 ans, Chatou

Je crois qu'il est difficile de devenir grand-mère, comme il est difficile aussi d'être, pour la première fois, maman. Il faut que vous aidiez votre mère, nouvelle grand-mère, à prendre sa place. Pour cela, il me semble utile que vous ayez une discussion très ouverte avec elle à propos de votre malaise. Je crois qu'elle fait partie de ces grands-mères très anxieuses qui veulent tout faire, et réussir encore plus et encore mieux qu'avec vous quand vous étiez bébé.

Pour autant, elle ne doit pas se considérer aujourd'hui comme une mère de substitution ou comme une supermaman. Parlez-lui de vous quand vous étiez nourrisson. Comment s'occupait-elle de vous ? Se sentait-elle compétente ? Est-ce que sa propre mère, votre grand-mère, avait elle aussi un comportement de supervision par rapport à elle ? Cherchez dans l'histoire de votre mère et de sa propre mère s'il existe une justification à son attitude actuelle. Et puis, une fois pour toutes, dites-lui clairement que c'est vous la maman et que vous êtes suffisamment responsable pour vous occuper parfaitement de votre enfant.

Grands-parents

« Mes parents se désintéressent complètement de ma fille de 5 ans. Il faut dire que c'est leur quatorzième petit-enfant ! N'empêche, je trouve ça injuste et j'ai peur qu'elle en souffre. Faut-il que je leur parle ou que je lui parle à elle ? »

Élodie, 37 ans, Saint-Bressou

Même s'il fait mal, on peut comprendre objectivement le désintéressement affectif. Pensez à vos anciennes amours et observez, quand vous recroisez ces ex, combien le temps a fait son effet.

Avec quatorze petits-enfants, vos parents sont sûrement âgés ; ce qui explique en partie leur désinvestissement vis-à-vis du plus jeune de leurs petits-enfants. En revanche, je voudrais complètement vous rassurer sur le ressenti de votre petite fille : dans sa relation à ses grands-parents, elle captera, comme les enfants savent si bien le faire, des images, des souvenirs, des courts instants qui vous semblent sans intérêt mais qui seront importants pour sa construction psychique.

L'interprétation qu'elle fera de ses grands-parents est plus importante que leur réalité.

La solution est entre vos mains : vous trouvez cela injuste et je le comprends, mais peut-être vous faut-il admettre la diminution des capacités affectives de vos parents. Le plus important, surtout, est que vous ne vous inquiétiez pas pour votre fille car elle souffrirait alors de votre propre souffrance. Un autre conseil : il est inutile de parler de cela à vos parents, ils ne comprendraient pas. Laissez faire les choses et le temps. Votre petite fille saura réinventer ses grands-parents avec les images d'eux qu'elle se sera fabriquées.

Grands-parents

« Suite à un différend avec ma fille, je suis privée de relation avec mon petit-fils de 6 ans que je voyais presque tous les jours. Comment cet enfant peut-il comprendre cette rupture brutale ? Ne va-t-il pas croire que je l'ai abandonné ? »

Myriam, 48 ans, Issy-les-Moulineaux

Malheureusement, ma réponse ne va pas vous rassurer. Oui, je pense qu'effectivement votre petit-fils pensera que vous l'avez abandonné. Pourquoi ? Parce qu'il voit toujours sa mère et qu'il ne voit plus sa grand-mère. Il faut donc absolument que vous fassiez un effort pour passer outre la dispute avec votre fille, au bénéfice de votre petit-enfant. La sagesse, c'est aussi savoir arrêter les conflits. Quels que soient les motifs de cette dispute, il faut que vous mettiez de l'eau dans votre vin dans un seul but : revoir votre petit-fils. Faites profil bas : même si vous avez raison, acceptez d'avoir tort. Tout plutôt que de ne plus voir votre petit-fils ! Le jeu en vaut vraiment la chandelle... Et surtout ne rentrez plus en conflit avec votre fille, parce que vous avez vu ce que ça peut donner !

Quant à la suite de l'histoire, il faudra, lorsque les choses seront apaisées, que vous puissiez revenir avec votre fille sur le fait qu'elle n'a pas le droit de vous punir en vous privant de votre petit-fils, quels que soient les motifs de conflit entre vous. Mais ceci, encore une fois et par pitié, lorsque vous aurez revu ce petit garçon de 6 ans, si cher à votre cœur !

« J'ai démissionné de mon emploi il y a deux ans, au moment où mon petit-fils est né. Depuis sa naissance, je suis fusionnelle avec lui, comme je l'ai été avec ma fille unique. Mon mari en a assez de cette situation et voudrait que je travaille. Comment me défaire de cette incapacité à laisser mon petit-fils ? »

Florence, 48 ans, Montauban

Ma première inquiétude concerne votre emploi. J'espère que vous n'avez pas abandonné un travail que vous aimiez et que vous auriez du mal à retrouver. Dans cette période de crise, se retrouver volontairement au chômage à 48 ans me paraît un peu risqué. À moins que vous n'ayez un métier où l'on retrouve facilement une place. Ce que je souhaite sincèrement.

Cela étant dit, je ne peux qu'être en accord avec votre mari. Il a raison. Déjà que vous lui avez fait le coup avec votre fille unique, voilà que vous lui répétez le même traumatisme quelques années plus tard avec votre petit-fils. Résultat : il se sent toujours délaissé au bénéfice d'un enfant. S'il veut vous voir reprendre une activité professionnelle, c'est parce qu'il sait que vous êtes compétente, mais aussi parce qu'il est convaincu qu'alors vous serez obligée de vous détacher de votre petit-fils, et donc que vous ferez plus attention à l'homme que vous avez épousé.

Je crois que non seulement il faut que vous retravailliez, mais aussi que vous partiez en voyage en compagnie de votre mari avec l'argent que vous aurez gagné grâce à votre nouvel emploi. Partez vous balader avec votre époux et soyez fusionnelle avec lui de la même manière que vous l'avez été avec votre fille et votre petit-fils. Le Montalbanais ira moins au stade de rugby et sera, avec vous, Florence, charmé de cette préférence que – enfin – vous lui manifesterez.

Gros mots

« Nous sommes désemparés par le comportement de notre petit-fils de 7 ans qui dit sans arrêt des gros mots injurieux. Nous l'avons puni, avons tenté de faire la sourde oreille, rien n'y fait. Pourquoi agit-il ainsi ? »

Marie-Dominique, 64 ans, Nîmes

Je crois que la politesse a disparu, et nous pouvons tous le déplorer. À une certaine époque, ne pas exprimer d'agressivité était un signe de bonne éducation et de bonne insertion dans la société. Il semble que la libéralisation des gros mots et l'habitude de s'exprimer par des expressions de plus en plus trash règnent désormais ; moi-même, je viens d'employer « trash » pour mieux me faire comprendre.

Selon moi, lorsque votre petit-enfant dit des mots grossiers, il faut lui opposer une sorte de désintérêt : « Tu sais, nous, ça ne nous convient pas. On préfère te raconter des histoires, s'occuper de toi. Pour nous, tes gros mots sont comme une agression. Tu vois, j'ai moins envie de te voir pendant les vacances parce que lorsque je te reçois et que tu fais tout ça, j'ai l'impression que je ne remplis pas mon rôle de grand-parent. Essaie, en étant poli, de me rendre grand-mère. » Toute la famille doit faire bloc : qu'il n'y ait pas un grand-père un peu grivois, une grand-mère un peu délurée ou un oncle qui parle en verlan. Cherchez, dans votre entourage, le coupable auquel il s'identifie. Parfois, il peut s'agir d'un meilleur ami ou d'une famille que vous côtoyez régulièrement. La politesse est un signe d'éducation réussie et d'équilibre, alors tenez bon.

Hachich

« Ma fille est âgée de 16 ans et demi. C'est une très belle adolescente, intelligente, avec beaucoup de caractère. Je viens de découvrir qu'elle fume du shit. Son papa banalise cette attitude (il lui a même dit qu'il fumait quand il était jeune !). Il ne veut soi-disant pas être un père Fouettard. Mais moi, je fais quoi ? »

Frédérique, 49 ans, Clermont-Ferrand

Rendons un service global à la population : ne dites jamais à vos enfants que vous vous êtes soûlés, que vous avez eu des relations sexuelles débridées, que vous avez fumé du hachich. Les adolescents n'ont pas besoin d'un père ou d'une mère fragile. Ils doivent trouver eux-mêmes vos défauts, plutôt que vous les leur proposiez servis sur un plateau d'argent. J'insiste, je pense véritablement que c'est un tort de dire que soi-même on a fumé du hachich à une adolescente consommatrice. Le hachich est un anxiolytique, qui prouve sans doute une fragilité chez l'adolescent. Il faut, bien sûr, continuer à interdire cette « saloperie de produit » ! Je vois tous les mois des ados qui sont entrés dans une problématique de pathologie mentale favorisée par cette drogue : je ne dis pas que le hachich a créé la maladie, mais je dis qu'il a accéléré les processus d'entrée dans la maladie. Les adolescents se croient tous invulnérables ; en en consommant, les vulnérables accentuent leurs fragilités. La seule attitude responsable me semble d'avoir une « discussion musclée », votre mari, elle et vous. Ne cédez pas. Tenez bon. C'est en étant contre que vous protégerez votre fille.

IDENDITÉ SEXUÉE

« J'ai une fille de 5 ans et un fils de 3 ans, et je suis séparée du papa. Depuis que son père est parti, Adèle souhaite être un petit garçon. Elle ne veut aucune poupée. Une psychologue m'a dit qu'elle ne s'est pas formé d'identité sexuée et qu'il faut laisser faire le temps ! Ce comportement risque-t-il d'influencer sa sexualité future ? »

Sybelle, 28 ans, Vézelay

Votre question est très intéressante, car elle pose l'hypothèse des identifications, tant masculines que féminines, au niveau d'un petit enfant. Ainsi, Adèle a besoin de son père qui est parti, et elle a besoin de vous. Si elle bascule vers l'idée d'être un petit garçon, c'est que le manque du père s'exprime chez elle de cette façon, en voulant à tout prix « présentifier », c'est-à-dire rendre présent, le père absent.

La psychologue qui l'a vue est très rassurante, à juste titre. Elle dit que, pour l'instant, votre fille n'a pas d'identité sexuée et que les craintes que vous exprimez concernant son comportement et son orientation sexuelle sont à mettre en deçà du traumatisme que représente la perte de son père.

Je crois que la solution consiste à lui parler de lui, à tout faire pour qu'elle le voie, à mettre ce père dans la réalité, même si c'est de loin en loin, et de temps en temps. L'objectif, c'est que cette petite fille ne compense pas l'absence de son papa par ses jeux et par sa propre décision d'être un petit garçon.

Je suis tout à fait d'accord, encore une fois, avec la psychologue sur l'identité sexuée. Mais je crois que, de votre côté, il faut la rassurer à propos de son père, de son existence et de la réalité. C'est pour cette raison que, dans les séparations, il faut toujours maintenir l'un et l'autre des parents dans une présence, même si l'un s'est éloigné ou si le conflit entre le papa et la maman a été très difficile.

Indiscrétions

« Je suis maman d'une fille de 13 ans et demi, qui est très jolie et donc très sollicitée par les garçons. J'ai beaucoup de mal à la voir grandir. Je ne peux m'empêcher de lire ses textos et d'écouter ses conversations téléphoniques. Tout cela me déprime. Comment sortir de cette impasse ? »

Myriam, 35 ans, Vannes

Il vaut quand même mieux, vous en conviendrez, avoir une fille de 13 ans et demi très jolie plutôt que vraiment très laide !

Il est normal, par ailleurs, d'avoir du mal à voir grandir ses enfants, qu'ils soient beaux ou pas. C'est un moment particulièrement difficile, pour les parents, de voir leurs fils et leurs filles s'écarter d'eux. Et comment s'écartent-ils ? Par les relations amoureuses, puis par les relations sexuelles. C'est ce qui marque la véritable frontière entre nos relations avec eux quand ils sont jeunes, puis plus tard, quand ils deviennent grands.

Évidemment, ce n'est pas bien de lire ses textos et d'écouter ses conversations téléphoniques, d'ailleurs vous en êtes immédiatement punie puisque ça vous déprime. Donc, pour ne plus être déprimée, vous savez déjà ce qu'il faut faire : cesser d'être indiscrète. Si vous continuez, ça va finir en conflit. Quand votre fille s'en apercevra, malgré votre sentiment de culpabilité, elle n'aura plus confiance en vous. Cela risque d'être très violent ! Pour maintenir sa confiance en ses enfants, il faut simplement avoir confiance dans l'éducation qu'on leur a donnée et être persuadé qu'elle leur permet d'affronter les dangers de la vie.

Enfin, rassurez-vous, être très sollicitée par les garçons ne veut pas dire qu'on est une gourgandine ! Elle est peut-être suffisamment sûre d'elle-même pour attendre une belle histoire d'amour.

En résumé, cette impasse n'en est pas une : c'est votre fille qui, en grandissant, doit peut-être vous aider, vous, Myriam, à vieillir.

Infidélité

« J'ai découvert récemment que mon mari me trompait. Depuis, je pleure beaucoup, même devant mes enfants de 6, 10 et 13 ans. Je leur ai dit que nous nous étions disputés. Faut-il que je sois plus précise ? »

Bénédicte, 35 ans, Montpellier

Je crois que les enfants sont infiniment plus au courant de ce qui se passe que ce que vous croyez, et je ne pense pas qu'il faille que vous les informiez de votre histoire de couple en leur donnant davantage de précisions. Si vous décidez de rester avec votre époux, malgré le fait que vous vous sentiez trahie et bafouée, il faudra que les enfants ne sachent pas trop de choses, sinon ils ne comprendraient pas votre position et risqueraient de s'opposer à leur père, pour que soit prise la décision, parfois courageuse, que vous ne prenez pas. Essayez de pardonner à votre mari, si vous en êtes capable, et de ne pas impliquer vos enfants dans cette histoire de couple qui, au fond, ne concerne que vous, car quoi qu'il en soit, il restera le père de vos enfants.

En revanche, si vous divorcez, il faudra bien que vous disiez pourquoi. Plutôt que le dire à tous en même temps, il vaut mieux le leur expliquer de manière séquentielle et séparée, selon le niveau d'évolution et de compréhension de chacun. Vos enfants, en effet, présentent trois types d'âge très différents.

Celui de 6 ans entre à peine en phase de latence : il est au cours préparatoire et est encore trop petit pour comprendre l'infidélité. Celui de 10 ans peut la comprendre, mais il s'en fiche parce qu'il est plus intéressé par les dinosaures et par les histoires qu'il se raconte. C'est celui de 13 ans qui risque d'être frappé le plus fortement par l'aventure extraconjugale de votre époux, car c'est justement à cet âge qu'on commence à douter des images parentales. Et l'attitude de son père viendrait confirmer les doutes qu'il a à son sujet.

Insultes

« Depuis cet été, notre fille de 13 ans a deux personnalités : un jour, elle est agréable, enjouée, studieuse et, le lendemain, elle nous insulte ou nous rejette. S'agit-il d'une simple crise d'ado ? Avec mon mari, nous avons peur que ça ne soit plus grave. »

Céline, 40 ans, Haguenau

Je crois, *a priori*, que votre fille commence son adolescence. Il est donc tout à fait normal qu'elle vous repousse, qu'elle ne vous parle plus, qu'elle boude dans son coin... C'est le propre de l'adolescent, avec toutes les difficultés de la représentation de soi qu'il connaît, de changer ainsi de caractère. En revanche, l'insulte me pose question.

Une enfant de 13 ans n'a pas à insulter ses parents. Si elle le fait, c'est que, quelque part, elle s'insulte elle-même, manifeste un malaise et un trouble de l'image de soi.

Si je vous alerte, c'est parce que j'ai souvent rencontré des adolescents qui ont commencé une « carrière » difficile par des insultes envers leurs parents. C'est à la fois un passage à l'acte agressif et régressif : « Je vous attaque parce que j'ai besoin de vous, et je vous rejette parce que je ne veux plus vous voir. » On voit là le clivage très particulier de la construction de soi et de sa personnalité que représente cette violence qu'est l'insulte.

Je pense vraiment qu'une consultation, pour savoir si tout va bien (ce qui est tout à fait possible), est justifiée, à cause de cet aspect un peu agressif et violent qui se manifeste chez elle, sachant que ce passage à l'acte verbal peut se transformer en passage à l'acte tout court. Je vous conseille donc de consulter, peut-être pour rien. Mais ce n'est absolument pas dangereux de consulter pour rien. Cela vaut mieux que d'attendre de consulter pour un trouble déjà installé.

Internat

« Ma fille de 16 ans me tanne depuis la rentrée pour partir en pension. C'est son leitmotiv. Je l'ai élevée toute seule et je ne suis pas du tout préparée à son départ. Cela veut-il dire qu'elle n'est plus heureuse avec moi ? »

Amandine, 36 ans, Auxon

Je crois qu'il faut, même si c'est difficile, accepter sa demande. Parce qu'elle en a peut-être assez de ce couple très resserré que vous formez. Élever seule une enfant unique, cela peut aussi être étouffant. Elle éprouve le besoin de partir vers des expériences de relation avec d'autres personnes, découvrir d'autres horizons, être moins protégée, se confronter à des difficultés. Ça ne signifie absolument pas qu'elle n'est plus heureuse avec vous, mais qu'elle veut être heureuse seule et découvrir le monde.

C'est une question, un peu banale, de liberté. À 16 ans, elle souhaite partir à l'aventure et c'est plutôt un bon signe sur le plan psychologique. Cela n'a rien à voir avec l'excellente relation que vous avez avec elle, et c'est peut-être le prix à payer pour que cette relation continue. Imaginez que vous refusiez, que des conflits apparaissent, que vous ne puissiez plus vous supporter, et ce serait un départ avec rupture en prime. Alors que là, il s'agit d'une demande que vous allez accepter et qui va peut-être l'aider à être en harmonie avec vous. Et quand elle reviendra en vous disant : « Maman, qu'est-ce que tu m'as manqué ! », avouez que ce sera quand même très agréable !

Internet

« Mon fils a 17 ans. Il est très introverti, n'a pas d'amis, n'aime pas le lycée. Son seul intérêt dans la vie, c'est son ordinateur. Si on le laissait faire, il y resterait jour et nuit. Nous avons limité son accès à Internet mais, quand il n'est pas autorisé à jouer, il reste avachi devant la télé. Je suis inquiète, que faire ? »

Marcia, 40 ans, Vandœuvre

Je comprends que vous soyez inquiète. Pour autant, je ne peux m'empêcher de vous dire que certains parents s'angoissent parce que leurs enfants ont trop d'amis qui les distraient de leur scolarité. Nous autres, parents, ne sommes jamais contents…

Pour en revenir à votre fils, je pense qu'Internet lui permet d'avoir des amis virtuels. S'il est scotché à son ordinateur, ce n'est pas forcément pour jouer mais pour parler avec des gens, en passant outre son inhibition et son trouble du contact. Lorsqu'il n'est pas autorisé à surfer sur le web, il se retrouve devant la télévision, de manière plus passive. Vous serez d'accord avec moi pour dire que, lorsqu'il est devant son ordinateur, il est quand même plus dynamique puisqu'il chatte et va sur des forums ?

Je crois que cet adolescent mérite qu'on aille discuter avec lui justement des raisons pour lesquelles il préfère le virtuel au réel. De plus en plus de psys voient en consultation des enfants pour ce motif-là. Internet peut relever d'une addiction, et peut-être faut-il qu'il aille discuter avec quelqu'un de spécialisé dans ce domaine.

J'avais créé, dans mon service à Paris (la Maison des Adolescents-Maison de Solenn), avec un chef de service particulièrement talentueux, un groupe de jeux vidéo. Un psychologue et un psychiatre jouaient avec quatre adolescents plus compétents qu'eux. L'idée n'était pas de se faire battre par ces adolescents, mais d'essayer de comprendre pourquoi ils avaient autant besoin de se projeter dans le virtuel. Nous nous apercevions qu'il y avait souvent, derrière, l'absence d'un grand-père, le décès de quelqu'un de cher, un déficit de l'estime de soi… Voilà toutes les pistes que je vous propose. Trouver le pourquoi de l'inhibition sera en tout cas plus constructif qu'interdire purement et simplement.

JALOUSIE

« Ma grande préoccupation, depuis la naissance de mon bébé, c'est d'éviter la jalousie de ma fille de 5 ans. L'autre jour, elle m'a chuchoté : “ Je sais que c'est moi que tu préfères ! ” Et si, finalement, en voulant protéger mon aînée, j'étais injuste avec le second ? »

Blandine, 28 ans, Vergèze

Vous ne pouvez pas éviter la jalousie entre enfants. Elle est normale, naturelle et elle leur fait même accomplir des progrès. C'est une vision assez idéalisée des parents que de croire que l'on peut éviter ce sentiment, alors que le sport national (que dis-je, international !) et permanent des enfants est de chercher à savoir qui est le chouchou. Lorsque votre fille vous chuchote : « C'est moi que tu préfères ! », c'est pour vérifier qu'elle est bien votre préférée.

Car, nous sommes d'accord, tout parent a un enfant préféré : celui avec qui il entretient les relations les plus harmonieuses, celui qu'il juge le plus facile. Il faut accepter cette idée-là. Mais il faut aussi que vous soyez très attentive à vous occuper surtout de celui ou de celle que vous ne préférez pas. C'est-à-dire que vous devez vous obliger à consacrer du temps à celui dont vous vous sentez la moins proche, à celui avec lequel vous êtes peut-être le moins bien.

Quant à la jalousie du second vis-à-vis de l'aînée, elle est plus relative. Il va à la fois s'identifier à sa sœur et, de temps en temps, lui en vouloir d'être, par exemple, à la grande école, alors que lui entre en maternelle, puis au collège alors qu'il est toujours en primaire…

Les choses peuvent s'arranger plus tard, mais le sentiment de jalousie se réactive souvent lorsque les parents vieillissent : le préféré est assez sûr de la mission qui lui incombe vis-à-vis de ses parents devenus vieux, alors que le non-préféré se sent un peu dégagé de cette préoccupation parentale. Vous voyez, vous n'en avez pas fini avec la jalousie !

Journal intime

« Très préoccupée par le comportement de ma fille de 15 ans, j'ai fait un truc horrible : j'ai lu son journal intime. Il faut dire qu'elle l'avait laissé en évidence. Depuis, je suis rongée par la culpabilité. Faut-il le lui avouer ? »

Stéphanie, 45 ans, Uzès

Tout d'abord, il ne faut surtout pas le lui avouer. Faute avouée est plus terrible ! Tous les parents font ça, surtout ceux qui disent qu'ils ne le font jamais. C'est aussi une magnifique preuve d'intérêt et d'amour que de pénétrer dans l'intimité de nos enfants. D'autant plus que si elle l'avait laissé en évidence, c'est pour que vous le lisiez. Je pense que c'était un appel, car les vrais cahiers intimes sont cachés, cadenassés, surtout pas exposés.

Vous avez l'air préoccupée au sujet de votre fille… On peut imaginer que vous la pensez en danger : tentatives de suicide, malaises, imaginaire dévasté, conduites à risque, auto et hétéro-agressivité… Vous n'avez pas commis un « truc horrible », j'aurais fait pareil. Tous les parents du monde auraient fait pareil. Il fallait lire ce journal intime. Vous êtes simplement une maman qui cherche des signes qui expliqueraient le comportement de son enfant.

Si je vous avais en face de moi, je vous demanderais tout ce que vous ne dites pas dans votre courrier : ce que vous avez trouvé dans ce journal. Selon ce que vous y avez lu, il faut lui confier que vous êtes préoccupée par son comportement et aller consulter avec elle en lui disant : « Je ne te comprends plus et il faudrait qu'on arrange cela. » Pour conclure, vous avez bien fait de lire ce journal, mais ne lui dites pas. Cela permettra sans doute de l'aider, et de vous aider vous.

LANGAGE (apprentissage du)

« Mon fils a maintenant 2 ans et 3 mois et ne fait pas de phrases. Il connaît quelques mots (surtout d'une syllabe) et indique ce qu'il veut en disant " ya ". Il comprend par contre tout ce que l'on dit. À son âge, son frère parlait déjà couramment. Est-ce normal ? »

Virginie, 33 ans, Beaune

Je suis sans doute un peu radical, mais je crois qu'on ne risque rien à consulter tôt lorsque le langage ne s'installe pas chez un enfant. D'autant que vous avez été déjà formée au langage par son frère aîné, qui parlait très bien au même âge. Votre aîné était un peu en avance et votre cadet semble peut-être un peu en retard. À 2 ans, les enfants disent 150 mots, et c'est entre 2 ans et 3 ans qu'éclate le langage, pour aboutir à 1 500 mots à 3 ans, avec le « je » et toutes les richesses poétiques caractéristiques de cet âge. Je crois que vous ne devez pas vous satisfaire du fait qu'il comprend tout. Parce que, s'il comprend tout, il faut aussi qu'il exprime. Je vous conseille d'aller voir un orthophoniste pour qu'il fasse le point, qu'il vérifie notamment que sa compréhension est aussi bonne que ce que vous croyez, et qu'éventuellement il le revoie ponctuellement pour constater ses progrès. Sachant aussi que ce qui le fera beaucoup progresser, c'est l'entrée à la maternelle. J'espère qu'il est déjà en collectivité, qu'une halte-garderie ou une crèche l'aide à ne pas rester isolé. Ce sont les autres enfants qui vont lui donner envie de parler.

Lit parental

« Ma fille de 2 ans se réveille chaque matin vers 6 heures et a pris l'habitude de finir sa nuit dans notre lit. Mes amies me disent que c'est très mauvais pour son équilibre. Qu'en pensez-vous ? »

Charlotte, 28 ans, Neubois

Pour vous répondre, il me faut d'abord savoir à quelle heure vous la couchez. Quand on couche les enfants à 19 heures, il ne faut pas s'étonner qu'ils se réveillent dix heures après. Si c'est le cas, il est préférable qu'elle traîne un peu plus avec vous le soir, qu'elle participe à la vie de famille. À 2 ans, elle papote, elle s'intéresse à tout, elle fait tous les jours des progrès : ce serait dommage de s'en priver en la mettant au lit trop tôt, autant que vous profitiez des soirées pour la voir grandir. En outre, n'étant pas encore scolarisée, elle peut commencer sa nuit un peu plus tard.

Quant à l'habitude de finir sa nuit dans votre lit, certaines de vos amies vous diront que c'est terrible pour le couple ! Laissez-les dire… En tout cas, ce n'est pas mauvais pour son équilibre. C'est quand même mieux d'être avec ses parents que d'être seule, anxieuse, dans sa chambre. S'il est vrai que, de manière générale, il est préférable que l'enfant dorme seul, quand on a commencé à l'accepter dans son lit, on est « cuit » : on est obligé de continuer. De toute façon, cette habitude s'arrêtera au CP, voire au CE1, en tout cas avant d'entrer au collège ! Viendra un jour où elle vous réveillera en vous apportant le petit déjeuner au lit avec croissants chauds, tartines et café. Heureux parents que vous serez alors !

Maquillage

« Notre fille a 13 ans et se maquille beaucoup. Comme elle semble bien dans sa peau, son père et moi la laissons tranquille, concentrant notre autorité sur la politesse, la ponctualité, les résultats scolaires… Des amis nous ont dit récemment que ça les choquait qu'elle se maquille autant. Avons-nous tort ? »

Marie-Anne, 42 ans, La Rochelle

Je suis absolument d'accord avec vous et pas du tout avec vos amis. Ils n'ont pas à projeter sur votre fille leurs propres inquiétudes concernant leurs enfants. Je crois surtout qu'il faut que vous concentriez, comme vous dites, votre fonction parentale sur la politesse, la ponctualité et les résultats scolaires. À présent, essayons de comprendre un peu le pourquoi de ce fard. A-t-elle une grand-mère qu'elle adore et qui se farde beaucoup ? Une tante qui exagère sur le khôl ? Est-ce que vous-même vous aimez vous maquiller ? Et en cherchant ainsi à vous ressembler, elle gagne, en croissance psycho-sociale, le fait d'être comme sa maman.

Le fard est, dans le fond, nous sommes bien d'accord, quelque chose d'assez accessoire. Il ne faudrait pas, et c'est peut-être là que les gens qui vous conseillent auraient raison, qu'elle s'habille trop court et de manière trop érotique. Cela peut en effet comporter des risques et des dangers, particulièrement en ville où, malheureusement, les prédateurs sont à l'affût…. Mais je crois qu'on est un peu hors sujet !

Bref, on s'en fiche que votre ado se maquille ! Rappelez-vous : les petites filles chaussent les talons aiguilles de leur maman et adorent se farder dès l'âge de 3 ou 4 ans. Votre fille est donc « normale »… En revanche, qu'elle travaille bien à l'école, qu'elle soit gentille et ponctuelle lorsqu'on lui demande de rentrer à une heure précise, voilà les domaines où doit s'exercer l'autorité parentale ; le maquillage n'en est pas un.

Nourriture

« Ma fille de 5 ans me demande toujours avant de passer à table ce qu'il y a au menu. Et si cela ne lui convient pas, elle décrète qu'elle a mal au ventre. Cela arrive très régulièrement. Faut-il l'obliger à manger ? »

Alice, 26 ans, Rouen

Non, il ne faut pas l'obliger à manger, surtout pas ! Sinon, elle trouvera autre chose, d'autant qu'elle semble véritablement douée de somatisation, c'est-à-dire de renversement sur son corps de son anxiété ou de sa tendance un peu autoritaire. Elle est très forte ! Elle dit qu'elle a mal au ventre, comme ça vous vous inquiétez naturellement pour elle, et elle a réussi son coup. La chose la plus originale, c'est le moyen très particulier qu'elle a trouvé pour vous maîtriser : elle vous demande, avant de passer à table, ce qu'il y a au menu. Vous pourriez lui dire que le menu est une surprise et que, de toute façon, ce sont les mamans qui décident de ce qu'on mange, pas les enfants. Ainsi, vous seriez autoritaire avec cette petite fille, qui ne vous maîtriserait pas si ça ne lui convenait pas. Et si jamais elle ne mange pas, eh bien, elle ne mange pas. Ce n'est pas un drame. En fin de compte, elle aura faim et, lors du prochain repas, elle mangera ce que vous lui proposerez.

Pour résumer, vous ne l'obligez pas à manger (tant pis si elle fait la bourrique et qu'elle n'avale rien !) et vous ne lui parlez plus du menu. À partir d'aujourd'hui, le menu doit rester secret. Enfin, si malgré ça elle s'entêtait, je lui prescrirais la cantine. Elle aura le menu affiché, elle mangera ce qu'elle veut et, surtout, vous, vous ne le verrez pas.

Ne vous inquiétez pas pour la suite. Son comportement ne signifie pas qu'ultérieurement elle se servira de la nourriture comme d'un moyen de pression. Elle est capable de devenir une adolescente absolument charmante, ravie de ce que vous lui proposerez à manger. Il n'y a souvent pas de linéarité, de continuité entre une attitude de somatisation et d'opposition dans l'enfance et le début de l'adolescence.

Nourriture

« Mon petit garçon de 9 ans a un fort tempérament. Il refuse de manger tout ce qu'il ne connaît pas et je suis obligée de lui faire un repas à part. Paradoxalement, il regarde à la télévision les émissions culinaires et m'aide à cuisiner. Pourquoi réagit-il comme ça ? »

Martine, 48 ans, Cholet

Me voilà peut-être en contact avec un futur grand chef ! Je pense que cuisiner avec sa mère est un excellent moyen de capter son affection et de l'isoler des autres membres de la famille. En outre, son caractère dominateur y trouve aussi son compte. Il capte des notions de cuisine à la télévision, histoire de vous maîtriser encore plus. Car, ne vous y trompez pas, son but est de vous transformer en petite main (« Nettoie cette casserole ! », « Coupe-moi les oignons ! », « Monte-moi ces œufs en neige ! ») Mon conseil est tout simple : faites-le cuisiner avec son père et vous allez voir que les choses vont s'arranger. À moins que votre mari n'ait un caractère de bourrique, auquel cas ça se terminera à coups de casserole et il faudra que vous fassiez encore la médiatrice.

Revenons à ses goûts alimentaires. C'est un grand standard de l'enfant qui, après le syndrome pâtes-frites-ketchup à 6 ans, a des nourritures électives. Pour traiter les jeunes filles en situation de restriction alimentaire (on est bien loin, je sais, de la problématique de votre fils), on leur fait faire la cuisine : elles « pastouillent », elles touchent le beurre, le gras qui leur fait horreur. De la même façon, demandez à votre fils de vous cuisiner les plats que vous aimez et qu'il n'aime pas. Et régalez-vous ostensiblement avec. À mon avis, il va vous voler tout le reste de l'assiette !

Papa poule

« Quand ma fille est née, mon mari s'est quasiment transformé en nounou. Il se levait systématiquement la nuit pour donner le biberon, pour la changer... Il a fini par prendre un congé parental. Mes copines m'envient. Moi, j'ai juste l'impression d'avoir perdu mon homme. »

Marion, 29 ans, Grenoble

Votre mari a un comportement qui s'est beaucoup banalisé aujourd'hui, mais qui aurait paru étrange il y a seulement vingt ans. En effet, les hommes renâclaient à s'occuper des enfants, pensant que c'était la tâche des mères. On ne doit donc pas se plaindre du fait qu'ils aient fait des progrès en féminité, qu'ils accompagnent de plus en plus le bébé, en harmonie et à égalité avec les mères.

Cependant, je crois que ce qu'attend le bébé, c'est non pas une similitude, mais une égalité dans la différence. Je m'explique. Nous avons tous une façon particulière de prendre un bébé dans nos bras, par exemple. S'engage alors ce qu'on appelle le dialogue tonique avec le nouveau-né, c'est-à-dire qu'il s'ajuste à la prise et, petit à petit, reconnaît celui qui le porte. Au-delà des postures corporelles, nous avons tous une façon spécifique de nous occuper des bébés. Nous sommes complémentaires.

Néanmoins, effectivement, certains hommes exagèrent. Ils deviennent des mamans de substitution, voire des mamans en contradiction, en opposition, en rivalité d'éducation avec les « vraies » mères.

Je crois que la justesse se situe évidemment au milieu. Il faut, bien sûr, que les pères s'occupent des bébés mais aussi des mères, car le travail essentiel du père, en dehors de prendre soin des enfants, consiste à soutenir sa femme pour qu'elle réussisse un splendide développement du bébé. Le père est un étayage de la mère qui permet à celle-ci d'être une parfaite maman. Comment ? En n'oubliant pas de lui offrir des fleurs, de lui dire qu'elle est jolie, qu'il l'aime… Cette atmosphère affective de grande qualité retentit alors sur le développement du bébé. Bref, il faut que votre mari s'occupe de vous.

Parents copains

« J'ai une relation très complice avec ma fille de 15 ans. Le soir, quand je rentre du travail, elle adore me raconter ses histoires de cœur, ses disputes avec ses copines. Ça me fait plaisir de partager cela avec elle, mais est-ce que je n'outrepasse pas mon rôle ? »

Ingrid, 39 ans, Montpellier

Votre question comporte évidemment, comme toujours, la réponse. C'est vrai que vous outrepassez un peu votre rôle.

Je pense que c'est très bien que, à votre retour à la maison, votre fille vous parle de sa journée, mais peut-être faut-il qu'elle sache protéger un peu plus son jardin secret, notamment pour les deux éléments centraux de l'affectivité des ados : les copines et les amoureux. Tout d'abord les copines : les disputes sont à l'adolescence la base des relations d'amitié entre filles. Plus elles se disputent, plus elles sont copines… Ces histoires, vous les connaissez par cœur, puisqu'elles vous rappellent sûrement quelques souvenirs. Vous pouvez les partager un peu, en étant attentive, mais sans jamais prendre parti. Il ne faut surtout pas qu'elle se mette dans la position d'une victime dont la meilleure amie serait sa mère.

En fait, elle agit comme si vous faisiez partie de sa bande, alors que ce n'est pas le cas. Faites attention à ne pas avoir 15 ans avec vos amis, et des disputes qui appartiennent à votre fille.

Quant aux amoureux, attention ! terrain fragile, qui mérite beaucoup de délicatesse. Bien sûr qu'elle peut vous parler de ses histoires de cœur, mais pas en détail. Sinon, effectivement, vous tombez dans l'impudeur, qui vous mettrait très mal à l'aise. La sexualité de votre fille doit rester son jardin secret.

Pédophilie

« Mon fils de 12 ans vient de nous avouer avoir été suivi par un homme il y a six mois. Il est très précis quant au signalement de la personne, en revanche il est très flou sur la façon dont il lui a échappé. Nous sommes d'autant plus troublés qu'il a fait une dépression à peu près au même moment. »

Cyrielle, 38 ans, Durtal

L'important, c'est que votre fils a pu enfin vous avouer avoir été suivi par un homme, ce qui renvoie à la peur d'être repéré et choisi comme éventuellement homosexuel. En réalité, tous les garçons et les filles de cet âge sont dans une période de bisexualité. Les prédateurs pédophiles connaissent bien cela et jouent là-dessus afin de culpabiliser les adolescents sur leurs sentiments ambigus. Je crois que ce qui est important, c'est de porter plainte, pour bien montrer à votre fils qu'il est défendu par ses parents à partir du moment où il déclare ces choses-là.

Quant au flou qui plane sur la façon dont il lui a échappé, peut-être n'est-il pas si important de le dissiper. Ce mystère contribue au sentiment héroïque qu'il peut ressentir d'avoir échappé au piège que ce prédateur lui tendait. En tout cas, attendez que ce soit votre fils qui vous dise comment il s'est échappé, mais n'essayez pas sans cesse d'obtenir une description quasi policière de l'agression qu'il a subie, car cela le fragiliserait encore plus.

La dépression qui a suivi résulte sans doute à la fois de questionnements (« pourquoi m'est-il arrivé ça ? », « pourquoi ai-je été choisi ? », « pourquoi a-t-il repéré, chez moi, une certaine fragilité que je masque ? »), de la peur de l'agression et du constat que le monde n'est pas aussi beau que ce qu'on imagine dans la petite enfance.

Père absent

« J'ai 13 ans et j'ai deux petits frères de 10 et 5 ans. Le plus grand devient violent et ingérable, et comme mon père n'est quasiment jamais à la maison, c'est sur ma mère que tout repose. Elle a arrêté de travailler pour être à nos côtés et je lui en suis très reconnaissante. J'essaie de l'aider au mieux mais je n'ai pas les épaules assez larges pour tout supporter. Que faire pour que mon frère se rende compte qu'il pousse notre famille à bout ? »

Philippine, 13 ans, Suresnes

Ma chère Philippine,

À 13 ans, tu n'as pas à être une maman bis et un papa bis.

La violence de ton frère de 10 ans relève de la responsabilité de tes parents et non de la tienne. L'idée de faire, pour ton frère, quelque chose qui est de l'ordre – encore une fois – de la décision de ton père et de ta mère risque, au lieu d'arranger les choses, de les aggraver.

Tu devrais peut-être, Philippine, essayer de voir ton père qui n'est jamais à la maison et lui dire que c'est à lui d'intervenir. Si j'étais toi, je lui demanderais de m'inviter au restaurant, seule, pendant que ma mère resterait avec l'insupportable et le plus petit. J'en profiterais pour lui dire : « Tu sais, papa, maman ne va pas tenir le coup et moi, je n'y arrive pas. Ce n'est pas ma fonction. C'est à toi de rassurer ce petit garçon, qui fait de plus en plus l'idiot et qui devient de plus en plus insupportable. » Bref, il faut que tu demandes à ton père qu'il joue son rôle de papa.

Vraiment, Philippine, merci beaucoup d'avoir posé ta question du haut de tes 13 ans…

Père absent

« Ma fille de 5 ans souffre, car son père refuse de s'impliquer dans sa vie. J'ai essayé plusieurs fois de tendre la main à son papa pour le bien de mon enfant, mais rien n'y fait. Il vient une fois, deux fois, puis l'oublie et elle a beaucoup de mal à supporter cette situation. Je ne sais pas quel discours lui tenir quand elle me dit que son père lui manque et lui promet des choses qu'il ne tient pas. Que faire ? »

Virginie, 31 ans, Dinan

Et vous, avez-vous fait le deuil de cet homme ? Est-ce qu'au fond de vous, dans vos pensées, dans votre cœur, il ne vous manque pas ? Vous l'appelez « papa », mais n'est-ce pas uniquement un père biologique n'ayant pas désiré cette petite fille ? Lui dit-il réellement les choses qu'elle vous répète ou est-ce que cette coquine a compris que vous voudriez qu'il s'implique davantage dans sa relation avec elle ? Avouez qu'en fait il est plus forcé que volontaire, non ?

Pour moi, la solution, c'est sans doute un amoureux dans votre vie, qui viendrait suppléer la défaillance du père. À 31 ans, vous avez la vie devant vous, et si votre fille perçoit votre tendresse envers cet homme, elle projettera sur lui l'affection qu'elle manifeste actuellement à son père. Attention à ne pas rêver toujours d'un homme qui n'est pas celui qui existe. L'avenir n'est pas aussi sombre que vous l'imaginez. Les enfants ainsi délaissés projettent souvent sur un autre la notion de paternité. Le père biologique compte moins que le père affectif. Peut-être réglera-t-elle, plus grande, ses comptes avec ce père absent sans que vous ayez à vous en mêler ? Pour le moment, j'ai l'impression que si vous respirez, elle sera rassurée.

Permissivité

« Mon ex-mari laisse, contre mon gré, notre fille de 4 ans regarder des films qui ne sont pas du tout de son âge (ceux que regarde son frère de 12 ans). J'ai beau lui expliquer les ravages que ça peut faire, il n'en fait qu'à sa tête, me répond que c'est moi qui suis trop flippée et que les enfants de notre époque peuvent " tout voir ". Aidez-moi à lui faire entendre raison ! »

Fanny, 38 ans, Chatou

Votre mari a tort : être le père d'une fille de 4 ans n'est pas la même chose qu'être le père d'un garçon de 12 ans. Certains préadolescents peuvent jouer à faire peur aux plus jeunes afin de maîtriser leurs propres angoisses. Peut-être qu'une des solutions consisterait en un exercice de droit de visite différencié : une fois avec son fils, une fois avec sa fille. On n'est pas obligé de toujours réunir les fratries lors du droit de visite. Un enfant peut tirer de grands bénéfices d'une relation individualisée avec le parent qu'il ne voit pas souvent et chez lequel il ne réside pas. Il est très important que ce papa vive des moments seul avec sa fille. Dans votre cas particulier, le meilleur traitement, c'est le charme que va exercer cette petite fille sur son papa un peu « tout-terrain », qui a l'air, me semble-t-il, plus attiré pour l'instant par son fils. Pour qu'il apprenne à la connaître et à l'apprécier, il faut qu'ils se réservent des moments rien qu'à eux : des goûters, un petit voyage en tête à tête, peu importe! Le temps affectif n'a rien à voir avec le temps « normal » : trois minutes avec son père à 4 ans valent bien dix heures à 17 ans! En quelque sorte, je propose que votre ex-mari tombe amoureux de votre petite fille, comme vous l'avez été (ou l'êtes encore?). Envoyez ma réponse au père.

Petit dernier

« Parents de trois garçons de 15, 11 et 3 ans, nous leur avons donné à tous la même éducation. Pourtant, le troisième est depuis toujours un vrai démon. Il veut commander tout le monde et, à la moindre contrariété, pique des crises de nerfs terribles. Existe-t-il vraiment un syndrome du petit dernier ? »

Fabienne, 44 ans, Amiens

Trois garçons, cela requiert d'abord qu'on analyse le système, le trio que vous avez fabriqué, mis au monde avec leur père.

Le premier enfant est généralement un « essai » pour les parents. D'ailleurs, c'est le premier bébé qui transforme le couple en parents, celui qui « essuie les plâtres ». Le deuxième, en l'occurrence chez vous votre fils de 11 ans, présente ce que l'on appelle, souvent à tort, le syndrome du deuxième enfant. En réalité, on exagère la plupart du temps ce phénomène : le second est très à l'abri, très tranquille. Il n'est pas, contrairement à l'aîné, le « brouillon » des parents. Et ce n'est pas non plus le dernier, le petit, qui constitue aussi un enjeu très fort pour le père et la mère, parce que c'est leur dernière chance de parentalité.

Si votre petit garçon de 3 ans pique des crises de nerfs, s'il commande tout le monde, c'est à cause de cela. En fait, c'est surtout dans votre comportement, dans votre pensée de « je veux qu'il reste petit », que ce tyran domestique continue à perturber votre quotidien. Pas bête, il l'a compris et s'oppose. L'expression de la force à cet âge, ce sont les crises de nerfs. Vous devez essayer de comprendre qu'il va grandir, que c'est inéluctable et que… c'est bien. En grandissant, il sera probablement moins pénible.

Mon « traitement » ? La maternelle et la cantine où il va être, je crois, paradoxalement très timide, sociable, et progressera pour être sympathique comme vos deux aînés.

Petit dernier

« Papa de trois garçons de 16, 14 et 3 ans, je suis un peu inquiet pour le dernier. Il vit dans un monde d'adultes, écoute en boucle les hits du top 50, assiste à des discussions d'ados, fait du foot avec les copains de ses frères. N'est-on pas en train de lui voler son enfance ? »

Luc, 40 ans, Massérac

Mais il a une chance formidable, votre petit garçon, de vivre avec des ados qui veuillent bien de lui ! Voilà un bel exemple de démocratie fraternelle ! Il a un sacré talent pour se faire accepter, en égal, par des grands de 16 et 14 ans. Il en a aussi pour s'adapter à des activités d'ados. Imaginons le contraire : « Je suis le papa de trois garçons de 16, 14 et 3 ans, je suis un peu inquiet pour le dernier car ses deux aînés ne veulent absolument rien faire avec lui », ce serait somme toute plus grave et plus problématique. Non, on ne lui vole pas son enfance, d'autant qu'il va entrer à l'école maternelle et que, là, il va se faire des copains. Vous savez, entre 0 et 3 ans, hormis s'identifier et ressembler, on ne fait pas grand-chose. L'enfance commence bien souvent à la maternelle sur le plan de la sociabilité et de la découverte. Et ce n'est qu'à partir de 4 ans qu'on joue à plusieurs. Donc, l'année prochaine, ne vous inquiétez pas, il jouera avec des enfants de son âge ! Progressivement, il va non seulement abandonner ses relations très étroites avec ses deux frères aînés, mais ceux-ci vont aussi bientôt partir. Heureusement, il vous restera ce petit garçon, qui sera alors en primaire et qui vous passionnera par sa curiosité et son goût de la découverte.

Peur de dormir seul

« Depuis quelques mois, mon fils de 8 ans ne veut plus dormir tout seul. J'ai essayé de lui parler à plusieurs reprises pour comprendre ce qui l'effraie, afin de le rassurer, mais il me répond qu'il ne sait pas quelle en est la raison. Dès son retour de l'école, il me pose toujours cette même question : " Maman, est-ce que je dors tout seul ce soir ? " Pendant les vacances, il a partagé la chambre de son frère de 15 ans. Comment sortir de cette impasse ? »

Élisabeth, 33 ans, Chaumont

Il est très possible que ce jeune garçon ait pris conscience de la mort. C'est à partir de 5 ou 6 ans que les enfants acquièrent ce concept. Souvent, le décès d'un parent, même éloigné, pose avec acuité cette question. L'initiation religieuse participe aussi de l'acquisition de cette notion, tout en cherchant à sublimer la mort. Le débat psychique interne s'installe alors chez les jeunes initiés, tout comme Pascal se pose la question du roseau pensant (l'homme est l'être le plus faible dans la nature, comme le roseau, mais c'est la conscience qu'il a de la mort qui le rend noble et digne). Certains enfants, plus vulnérables ou normalement anxio-dépressifs, vont mal digérer cette conquête, pourtant essentielle : nous sommes mortels et nous le savons. La mort d'un grand-parent va alors les projeter dans la disparition qu'ils redoutent le plus, celle des personnes les plus importantes pour leur construction psychique et sociale : leurs parents.

Le sommeil, on le sait, peut être considéré comme une « petite mort ». On comprend mieux, si l'on suit cette hypothèse, la tension au moment du coucher chez votre petit garçon. Vous-même ne pouvez pas faire grand-chose : comment voulez-vous lui parler de votre mort pour le rassurer ? Mais quelques entretiens avec un psy pourront l'aider à passer ce cap.

Peur de l'abandon

« Ma fille unique de 7 ans a des difficultés d'endormissement depuis toujours. Elle nous a avoué récemment avoir peur que mon mari et moi l'abandonnions pendant son sommeil. Dans la journée, elle n'accepte pas de nous attendre quelques minutes dans la voiture, le temps d'aller chercher le pain. Par ailleurs, c'est une enfant gaie, intelligente et pleine de vie. Pourquoi cette peur irrationnelle de l'abandon ? »

Valérie, 37 ans, Strasbourg

En préambule, je voudrais rappeler une chose importante que l'on sait depuis Sigmund Freud : la phobie est la maladie physiologique du petit enfant. Nous gardons tous nos peurs d'enfants (pour les filles, ce sont souvent les souris et, pour les garçons, les voleurs…). Mais, à partir de 6-7 ans, les enfants s'engagent dans l'aventure de la connaissance, et ce goût de la culture leur permet d'évacuer leurs peurs. Donc votre petite fille, qui a l'air très curieuse du monde qui l'entoure, devrait logiquement retrouver petit à petit des nuits plus calmes.

Une question me vient à l'esprit à la lecture de votre message : n'avez-vous pas eu à déplorer la perte de quelqu'un dans votre famille ou dans votre entourage, à un âge sensible, c'est-à-dire 3, 4 ou 5 ans, et qui vous aurait beaucoup marquée ? Cette enfant intelligente a peut-être construit sa relation avec vous sur une notion de perte. Mais je ne dispose pas de ces éléments dans votre interrogation. D'autres enfants, qui n'auront pas eu d'événements traumatiques, seront très sensibles à la notion d'abandon, qui est une des grandes thématiques des contes de fées. Ce sont des enfants qui ont peur que leurs parents aient une maladie, qu'ils vieillissent… Une psychothérapie me paraît indiquée pour que cette enfant sensible, intelligente, douée et motivée, n'ampute pas sa sociabilité au bénéfice de son émotivité.

Phobies alimentaires

« Mon deuxième fils, qui a 6 ans, souffre de multiples phobies alimentaires. Il a eu jusqu'à 3 ans une allergie au lait de vache et au blanc d'œuf. Dès lors, ses repas en collectivité sont devenus un moment d'anxiété pour lui : on lui a certainement interdit de manger " comme les autres " en lui disant que c'était dangereux et, du coup, il a conservé cette " peur " de se nourrir. Que faire aujourd'hui ? »

Valérie, 36 ans, Baugé

J'ai souvent rencontré ce type de phobie alimentaire chez les enfants allergiques. Cela les met dans une situation très particulière puisque, à cause des manifestations somatiques à gros fracas dont ils sont les victimes (œdème de Quincke, étouffement), ils associent le fait d'ingérer un aliment au risque de mourir. En outre, 5-6 ans, c'est l'âge où ils prennent conscience de ce qu'est la mort. Vous avez très bien analysé la situation puisque vous dites qu'on lui disait que manger comme les autres était dangereux et que, du coup, il a conservé cette peur de se nourrir et, j'ajouterai, de mourir.

Que faire ? Il est vrai que le lit des peurs alimentaires est fait par ces allergies et les traitements d'exclusion qui sont pratiqués pour les prévenir. Si je comprends tout à fait les pédiatres et les allergologues, je crois qu'il faut aussi tenir compte de l'effet secondaire de ce type de traitement chez les enfants un peu sensibles. Je vous ferai une proposition paradoxale : c'est de lui parler de sa peur de mourir, plutôt que de la peur de se nourrir. J'ai l'habitude, dans ces sortes d'impasses dues à des somatisations anciennes, de préférer les techniques à médiation corporelle : sophrologie, relaxation. Cela lui permettra de se guérir de sa peur, plutôt qu'on ne le guérisse des phobies alimentaires. On peut, progressivement, lui donner la responsabilité de lutter lui-même contre ses craintes.

Pornographie

« Ma fille de 13 ans est tombée sur des images pornographiques dans l'ordinateur de son père. Elle est extrêmement choquée. Son père refuse d'en parler avec elle. Que puis-je faire ? »

Maryse, 52 ans, Auxerre

Tout de suite, une question s'impose : êtes-vous ou non des parents séparés ? En effet, en cas de divorce, on s'inquiète toujours de ce que son ex puisse avoir des moments impudiques avec son enfant.

Ma deuxième question est : que faisait votre fille sur l'ordinateur de son père ? Cela me paraît de l'ordre de l'intimité. Votre fille regarde-t-elle vos textos ? Est-ce que vous lisez « son » journal ? Pour les ordinateurs et les portables, c'est pareil ! On n'a pas à lire leur contenu.

Mais à présent, que faire ? Pour le papa, il sera très difficile de parler de ces images pornographiques à sa fille de 13 ans, qui verrait cela comme un surcroît d'impudeur. Je crois que l'idéal serait de ne plus parler de la découverte de ces photos par l'adolescente. Il faut simplement lui dire : « L'ordinateur de ton père est à ton père et toi, tu ne t'en occupes pas. » Car plus on va rentrer dans une discussion au sujet des images érotiques que regarde son papa, plus cela la mettra mal à l'aise par rapport à la crainte (naturelle et imaginaire) de l'inceste qu'est la sienne. Et je profite de votre courrier pour dire à tous : « Arrêtez de regarder les courriers, les courriels, les SMS (qui sont un motif de plus en plus fréquent de séparation !) des gens avec lesquels vous vivez. »

Psychologie

« Je suis une pro de la psycho… en tout cas, en théorie. J'ai lu quantité de bouquins sur la question et je suis la conseillère number one *de mes copines. Pourtant, quand je suis dans le feu de l'action avec mes enfants, je fais exactement le contraire de ce qu'il faudrait que je fasse. Pourquoi ? »*

Sibylle, 38 ans, trois enfants de 8, 6 et 3 ans, Paris

J'ai l'impression de me lire ! Un cordonnier est toujours le plus mal chaussé. Pour donner des conseils à autrui, je crois réellement être le plus adéquat possible, mais le suis-je dans ma propre vie ou dans mes relations avec mes proches ? On ne peut pas être le psychologue de sa famille, et, mis à part Freud qui a analysé Anna, sa fille (ce qui a d'ailleurs donné des résultats moyens), aucun psy ne se permettrait de traiter ses enfants. J'ai l'occasion, dans ma pratique, de recevoir souvent des enfants de psychiatres et de psychologues. Je ne compte même plus les fois où j'ai reçu des médecins qui accompagnaient leurs enfants venus pour une consultation. L'honneur qu'ils me font de leur confiance prouve bien que nous, médecins, ne pouvons pas intervenir, interpréter, au risque de perturber gravement nos relations quotidiennes avec nos proches. Lorsqu'on est trop intime, trop emporté par l'affectivité, on ne peut pas s'occuper d'autrui.

D'autre part, pour être un bon psy, il faut de toute façon passer soi-même par la thérapie, et plutôt deux fois qu'une. Ainsi, le génial René Spitz, après une psychanalyse avec Sandor Ferenczi, va voir Sigmund Freud pour chercher une confirmation de ce qu'il a appris. Il va alors inventer le fondement d'une des écoles psychanalytiques les plus fameuses, qui impose à ses membres de vérifier le traitement dont bénéficient leurs patients : la psychanalyse didactique.

Donc, chère « psychologue *number one* », ayant lu tous les bouquins de psycho, quand vous avez des soucis avec vos enfants, eh bien consultez. À votre tour d'aller voir une psychologue, qui vous apprendra à être une psychologue occasionnelle et compétente !

PUDEUR

« J'ai l'habitude, depuis qu'elles sont toutes petites, d'aller réveiller mes filles le matin. Mais depuis quelque temps j'ai l'impression que ce câlin matinal gêne l'aînée. D'un autre côté, je ne veux pas arrêter brusquement, j'ai peur qu'elle ne pense que je la rejette... Que faire ? »

Fabien, 35 ans, deux filles de 12 et 9 ans, Magny

Permettez-moi de m'étonner de votre étonnement concernant le câlin matinal à votre fille de 12 ans. C'est le contraire qui serait surprenant ! Votre fille a grandi, elle devient propriétaire de son corps, autonome, rêve d'un fiancé différent de son père. Donc, adieu le câlin matinal au petit bébé qu'elle fut ! En outre, quand elle vous demandera de l'embrasser, cela prendra une autre dimension et vous en serez ravi. Si elle ne vous le demande plus, il est important que vous respectiez sa décision. En effet, ce qui fonde l'accession à son autonomie sexuée puis sexuelle, c'est la dimension pudique par rapport à ses parents et plus encore à son père. Il est naturel, obligatoire, évolutif, satisfaisant et rassurant que votre fille s'éloigne de vous. Je ne vois pas pourquoi « vous n'arrêteriez pas brusquement » puisqu'elle manifeste sa gêne, et je ne comprends pas pourquoi vous pensez qu'elle interpréterait cette attitude comme un rejet.

En dehors du câlin, on peut manifester son attention à autrui par d'autres signes : le jus de pamplemousse pressé, les confitures de la grand-mère étalées sur la tartine… Plus sérieusement, discutez avec elle de ce qu'elle va faire dans la journée, de ses projets de vacances, de ses désirs d'avenir. Le véritable métier des parents est de savoir se détacher de leurs enfants, mais aussi d'évoluer des câlins au respect physique de l'adolescent. Et si vraiment vous souffrez trop, adoptez un chiot !

Pudeur

« Mon fils de 9 ans est très câlin et très tendre avec moi. Il me dit souvent “ Tu es la meilleure maman du monde ”. Quand nous regardons la télé ensemble, il se colle contre moi et je lui gratte la tête. Son père trouve cela déplacé. Dois-je écouter mon mari ? »

Josiane, 52 ans, Méry-sur-Seine

Commencez par ne plus lui gratter la tête ! Soyez moins physique et douce avec lui. Il est en CM1, va bientôt entrer au collège, je pense qu'il doit avoir d'autres intérêts corporels que ceux de sa maman. Je comprends que ce soit difficile pour une mère tendre et douce, mais, à un certain âge, les régressions doivent être maîtrisées. Plus que le « collage », c'est la pudeur de votre garçon qui compte. Il faut qu'il comprenne que son corps est à lui et que votre corps est à vous.

La pudeur chez l'enfant est un signe très important de son évolution. Le peau à peau rassure le nourrisson, mais la séparation d'avec la maman est une étape aussi importante que nécessaire. II faut se séparer du sein qui nous a nourris et comprendre que le monde est différent de notre mère. Avec de tels propos, je m'attends aux réactions furieuses des allaitantes prolongées ! Disons, une fois pour toutes, que je suis très favorable à l'allaitement, autant que je le suis à son arrêt. Si je prends l'exemple de l'allaitement, c'est que le collage peau à peau de votre fils est une régression. En conclusion, votre mari a raison, et vous avez bien de la chance qu'il soit encore amoureux et jaloux !

« Je vis seule avec mes deux filles. La deuxième, qui vient d'avoir 11 ans, est en rébellion totale contre les adultes. Elle se complaît dans les situations de conflit, elle cherche les limites sans arrêt et se met en danger. Que faire ? »

Laura, 43 ans, Compiègne

Voilà une préadolescence bien tumultueuse ! Il me manque certains éléments sur son caractère quand elle était plus jeune : a-t-elle toujours été théâtrale, capricieuse, autocentrée ? A-t-elle toujours voulu attirer l'attention sur elle par rapport à sa sœur aînée, qui a l'air plus tranquille ? Qu'en est-il des relations avec son père ? Ne cherche-t-elle pas à imiter certains traits de ce dernier ?

J'émets deux hypothèses. Soit elle manifeste une souffrance, due à la carence de l'image paternelle ou à une rivalité fraternelle, qui se traduit par « plus je suis insupportable, plus on s'occupe de moi ». Soit, au contraire, cela relève de l'ordre de la structure et il faudra que, progressivement, vous envisagiez, si elle ne s'amende pas, un internat durant la semaine, pour que les relations avec vous et sa sœur soient bonnes le week-end. L'internat revient souvent dans les propositions des pédopsychiatres, lorsque la vie avec un enfant devient impossible à gérer. Il faut lui signifier qu'on ne peut pas vivre sous ses diktats agressifs et impétueux, tout en lui donnant une chance de restaurer sa relation avec vous. Un bon week-end vaut souvent mieux qu'une semaine terrible.

RECOMPOSÉE (famille)

« Ma fille (17 ans) est tombée amoureuse du fils de mon compagnon. Nous avons, lui et moi, beaucoup de mal à vivre cette situation qui nous apparaît comme incestueuse. Que nous conseillez-vous ? »

Laurence, 48 ans, Saint-Fulgent

Première chose : la situation est incestuelle et non incestueuse. Elle est de plus en plus fréquente, liée à l'explosion des familles recomposées. En effet, lorsque les familles se recomposent, l'interdiction de l'inceste, qui s'impose expressément aux frères et aux sœurs, n'est pas du tout justifiée pour deux adolescents qui vont vivre ensemble sans lien de sang. Je comprends que cela vous trouble, votre compagnon et vous, mais nous ne sommes pas du tout dans le cas d'un frère et d'une sœur. Ce qui peut se passer, c'est qu'elle s'identifie à vous. Le fils de votre compagnon a sans doute le charme de son père et elle, comme par hasard, y succombe comme sa mère. J'ai été troublé en lisant votre question, car j'ai un instant imaginé qu'elle était amoureuse de votre compagnon, ce qui est également très fréquent : à l'adolescence, on teste ses attraits et on fait du charme à tout ce qui bouge. Inconsciemment, en séduisant le fils, elle s'imagine peut-être avoir eu le père. *Idem* pour le garçon… Dans tous les cas de figure, je vous conseille d'en parler tous ensemble, avec les deux enfants, pour exprimer votre gêne et clarifier la situation.

« Mère de trois enfants (12, 10 et 7 ans), j'ai parfois l'impression de ne pas être assez disponible. Je travaille dans le social et, à force d'être trop à l'écoute des autres, je n'arrive plus à l'être pour mes enfants. D'autant plus que mes deux aînées sont en conflit tout le temps. Pourriez-vous me donner quelques conseils ? »

Chloé, 37 ans, Échirolles

Je comprends tout à fait qu'exercer un métier tel que le vôtre soit souvent, et paradoxalement, une difficulté pour bien communiquer avec sa famille et notamment avec ses enfants. Pourquoi ? Parce qu'on est complètement imprégné des histoires que l'on rencontre toute la journée. Je vais vous faire une confidence : ma fille m'a raconté que, lorsqu'elle avait 8 ans, elle avait peur de me confier certaines choses, comme si j'allais deviner, disait-elle, le fond de sa pensée. En effet, je ne racontais que des histoires auxquelles j'avais compris quelque chose, et elle s'imaginait que je pouvais tout comprendre. D'ailleurs, ma grand-mère disait : « Gars de carrière douleur d'ouas taou », c'est-à-dire : « Les gens qui font une carrière sont douloureux à domicile. »

Quant à la rivalité fraternelle entre vos deux aînés, c'est un grand standard. Il n'y a que les parents qui croient que les frères et sœurs s'aiment et sont dans une relation parfaitement harmonieuse. Les conflits font partie de la vie de la fratrie et je crois que vous ne devez surtout pas vous en mêler, vous faire la psy du conflit, car cela le fixerait. En revanche, vous pouvez passer des moments privilégiés avec chacun d'entre eux : du temps affectif, pas du temps réel. Et parfois, aussi, essayez de les séparer, pendant les vacances, pour faire une sorte de pause et qu'ils repartent ensuite sur de nouvelles bases.

Rivalité fraternelle

« Ma petite-fille, qui a presque 3 ans, a pris, depuis quelques mois, l'habitude de pousser fortement son petit frère (18 mois) pour un oui ou pour un non. Comment faire pour qu'elle arrête ce "jeu"? Ni la fessée ni la douceur ne semblent l'atteindre. »

Germain, 64 ans, Dax

D'abord, je suis très heureux d'avoir un courrier d'un nouveau grand-père. Vive les nouveaux grands-pères qui s'intéressent aussi fortement au développement de leurs petits-enfants! Il fut un temps où ils étaient dans leur fauteuil en train de lire des textes classiques et maugréaient dès que les petits faisaient du bruit.

Votre petite-fille est une chipie en extrême rivalité avec son frère. Et on peut compter sur le fait que les petits « poussons » qu'elle lui donne conduiront un jour ou l'autre son frère à se venger. Comment prévenir cela? Je crois qu'au lieu de la gronder et de lui interdire ce « jeu », il faut la responsabiliser, lui dire que ce petit garçon de 18 mois, qui est en pleine phase d'opposition, a besoin d'elle pour grandir. Elle est déjà à l'école, lui non. C'est un tout petit bébé par rapport à elle. En plus, c'est un garçon alors qu'elle est une fille et parle donc mieux que lui. Essayez de la transformer en orthophoniste précoce pour qu'elle enrichisse le vocabulaire de son frère, qu'elle commence à le faire gribouiller, qu'elle fasse une véritable prépa de maternelle avec lui, et vous verrez que l'agressivité disparaîtra.

Rivalité fraternelle

« Ma mère s'occupe beaucoup des enfants de ma sœur, qui vit à côté de chez elle. Leurs photos couvrent ses murs. Il n'y en a aucune de mes deux fils. Ça me fait très mal. Comment peut-elle être si injuste ? »

Valérie, 34 ans, Le Croisic

La rivalité fraternelle est incurable. Manifestement, votre maman préfère votre sœur depuis toujours, et c'est terrible. Mais le conseil que je pourrais lui donner, si c'était elle qui m'écrivait, c'est qu'il ne faut pas en rester à cette constatation : « J'ai un chouchou. » Il faut s'intéresser à celui avec lequel on a le moins de facilité, celui qui, comme vous, est peut-être toujours en demande d'amour.

Concrètement, que pouvez-vous faire ? Donnez-lui des photos de vous avec vos fils en lui disant : « Tiens, maman, je voudrais que tu mettes des photos de moi avec mes enfants parce que ça me ferait plaisir d'être sur tes murs pour que tu penses à moi. » Imaginez votre surprise lorsqu'elle vous répondra : « Mais ma chérie, depuis le temps que j'attendais ta photo! » Je parie même que vous trônerez sur la commode du salon. Et alors c'est votre sœur qui écrira à *Version Femina* pour dire : « J'ai remarqué que ma mère, avec laquelle j'ai toujours eu une excellente relation, préfère maintenant ma sœur. En effet, j'ai vu qu'elle avait posé en bonne place dans la maison un cadre avec ma sœur et mes neveux, alors que jusqu'ici il n'y avait que les photos de mes enfants qui couvraient ses murs. »

Rivalité fraternelle

« J'ai une relation très forte avec ma nièce de 15 ans. Elle s'entend très mal avec sa mère (ma sœur !), alors que nous sommes comme deux copines. Je me retrouve en elle… Le problème, c'est que ma sœur m'en veut beaucoup, elle est terriblement jalouse. Comment gérer ça ? »

Sylvie, 40 ans, Montignac

J'ai trois critiques à vous formuler.

La première, d'ordre général : on n'est pas « copine » avec une ou un adolescent. On se place alors dans une impasse : à ce petit jeu, ce sont toujours eux qui gagnent, ils savent très bien comment nous maîtriser. Il faut être adulte avec les ados.

Ma deuxième réflexion est plus personnelle : « Je me retrouve en elle », c'est justement ce qui explique votre comportement empreint de jeunisme. Mais sachez que votre nièce a parfaitement compris cela et s'autorise ainsi tous les comportements d'opposition avec sa mère, puisqu'elle pense que non seulement vous la comprenez, mais aussi que, par certains aspects, vous la cautionnez.

La troisième critique est d'ordre familial : vous employez vous-même le terme « jalouse », renvoyant sans doute aux rivalités fraternelles qui vous ont opposées dans votre enfance, votre sœur et vous, et que vous réactualisez par le biais de votre nièce.

Je vous conseille d'avoir une discussion à trois : votre sœur, votre nièce et vous. Ma position est très claire : vous ne devrez plus jamais cautionner votre nièce dans les conflits avec votre sœur, sachant qu'elle est définitivement plus importante que vous dans l'éducation de sa fille.

Rougissement

« J'ai 16 ans. Je suis très timide, je rougis quand on m'interroge en classe, mes mains deviennent moites, ma voix tremble. J'ai peur du regard des autres, qu'ils se moquent de moi. Comment faire pour me sentir à l'aise ? »

Sandy, 16 ans, Tourcoing

On rougit quand on a peur que l'autre ne vous trouve pas aimable. On rougit quand on n'a pas confiance en soi et qu'on a définitivement peur de ne pas plaire. Le problème, c'est que, du coup, on est « reconnu » comme fragile, ému et impressionné par celui qui vous parle. On expose devant tout le monde son doute sur soi, et quelqu'un qui doute n'est jamais quelqu'un qui peut séduire ou partir à la conquête du monde.

Cependant, rassurez-vous, c'est une symptomatologie très fréquente qui, le plus souvent, guérit lorsqu'on (re)trouve confiance en soi. Cela touche des enfants et des adolescents très intelligents mais inhibés. C'est une preuve de qualité et d'autocritique. Mais comment maîtriser ce symptôme, bien gênant en société, qui met le sujet qui rougit en péril ? C'est d'autant plus délicat que plus on vous dira « n'ayez pas peur », plus vous aurez peur et plus vous rougirez. Honnêtement, dans ce domaine, je crois que les techniques à médiation corporelle sont plus efficaces que les techniques de type psychologique. Cela peut être de la relaxation, des exercices de respiration, de la sophrologie, du yoga. Essayez, et si vraiment ça continue, réécrivez-moi, je vous proposerai autre chose.

RYTHMIES DU SOMMEIL

« Depuis quelques mois, ma fille de 18 mois balance son corps d'avant en arrière pour s'endormir le soir (quelquefois, elle se cogne contre le mur) et recommence pendant la nuit à heures régulières. Il paraît que je le faisais aussi quand j'avais son âge. D'où peuvent provenir ces " rythmies " du sommeil et comment les lui faire passer ? »

Lisa, 23 ans, Toulouse

Cette manifestation est très fréquente et passe même parfois inaperçue. *Jactatio capitis* – je fais le savant ! –, c'est-à-dire « bouger la tête », est un des rituels adoptés par certains bébés anxieux pour s'endormir, alors qu'ils connaissent par ailleurs un excellent développement. Balancer son corps ou sa tête permet de se séparer en douceur de l'image rassurante, maternelle ou paternelle, et de sombrer dans le sommeil. Le problème, c'est qu'on vous a précisé que vous le faisiez aussi ; du coup, vous vous sentez un peu responsable, voire coupable, et cela devient une obsession. Cela dit, vous vous êtes vous-même arrêtée de le faire! Vous devez me croire, Lisa : il n'y a aucun risque pour l'avenir de votre petite fille. Mais attention, si vous vous intéressez trop à cette manifestation, cette petite maligne va continuer.

Je n'aurai qu'un conseil : essayez de ne plus vous occuper de ces rythmies et concentrez-vous sur les moments intermédiaires : par exemple, les contes de fées, qui sont le meilleur traitement du *jactatio capitis*. Mettez également le père au travail : qu'il fasse du coucher et du petit déjeuner un moment d'échanges intenses. C'est grâce aux mots que votre fille abandonnera ces manifestations. J'insiste : racontez-lui des histoires, toujours les mêmes, lorsqu'elle s'endort, et si la nuit elle bouge, lovez-vous contre l'épaule rassurante de son père.

SÉPARATION (bébé)

« Nous allons garder notre petit-fils de 10 mois durant neuf jours, pendant que ses parents et ses deux frères aînés partent en vacances Comment faire pour qu'il ne se sente pas abandonné ? Peut-on lui expliquer la situation ? »

Jacques, 66 ans, Vanves

C'est difficile de garder un enfant de 10 mois. En effet, cet âge correspond à une phase importante du développement du bébé, où la séparation avec les parents est très délicate. Vous posez la question centrale : comment faire pour qu'il ne se sente pas abandonné ?

René Spitz a parfaitement décrit cette symptomatologie, en disant qu'il y a trois organisateurs chez l'enfant. Il y a d'abord le sourire, dans le premier mois de la vie. Vers 9-10 mois, l'angoisse de l'étranger ; c'est le moment où l'enfant passe de la relation objectale (objet fusionné dans les bras de sa maman) à une relation de sujet (je suis moi, différent de ma mère, et j'ai peur de tout ce qui m'approche car je reconnais maman comme différente de moi, mais pas les autres personnes). Enfin, il y a la phase du non, qui commence à 18 mois et pour laquelle, heureusement, on a inventé la maternelle, afin qu'il ne nous casse plus les pieds !

Cet enfant de 10 mois est donc dans une phase d'anxiété. Malheureusement, il ne peut pas comprendre clairement la situation. On peut lui en parler mais, à son âge, c'est plus la prosodie et l'intentionnalité qui comptent que le sens. Vous pouvez, peut-être, faire en sorte que ses parents appellent, que sa maman laisse un pull imprégné de son parfum, qu'il puisse voir son père et sa mère grâce à une webcam (mais, attention, cela peut aussi lui faire peur !). Bref, il faut que pendant ces neuf jours, vous teniez bon et que vous vous en occupiez beaucoup… Puis rendez-le vite à ses parents et à ses frères !

SÉPARATION (bébé)

« J'ai une petite fille de 4 mois et j'envisage pour les prochaines vacances de la laisser quinze jours à mes parents pour partir seule avec mon mari et mon fils de 4 ans. La petite voix de la culpabilité vient parfois perturber mes nuits. Qu'en pensez-vous ? »

Sophie, 38 ans, Perpignan

Partez tranquillement. Elle a seulement 4 mois, elle est bien petite et ne souffrira pas de cette courte absence. En revanche, votre fils de 4 ans sera sûrement enchanté de se retrouver un temps en position d'enfant unique et ravi de revoir sa petite sœur après ses vacances avec vous.

De plus, si vous vous inquiétez et culpabilisez, vous mettez vos parents dans une situation bien inconfortable. Je suis sûr que votre mère est « gaillarde » et votre père dynamique, alors… où est le souci ? Vous pouvez leur faire confiance. Le risque ne se situe pas là où vous le pensez. Peut-être que ce petit bébé sera parfaitement bien chez ses grands-parents et qu'il en redemandera ! Mais, entre nous, qui se plaindra d'un autre lieu d'affectivité ?

Si ce nourrisson avait approché l'âge de 8-9 mois, je vous aurais conseillé le contraire. Il ne faudra pas la laisser à cet âge car c'est celui où elle accédera à la relation de sujet (elle se différenciera de vous, ce qui n'est pas le cas pour le moment) et s'inquiétera fort de votre absence. Donc confier son enfant à ses propres parents à 4 mois, oui ; à 8-9 mois, non.

« Comme beaucoup d'ados, mon fils ne parle jamais de sa vie sentimentale, et encore moins de sa vie sexuelle. Quand je pose une question, j'ai beau essayer d'être la plus légère possible, je tombe systématiquement à côté de la plaque. Il me répond " T'es lourde " et devient mutique. Je m'inquiète… Que dois-je faire : j'insiste ou je lui lâche les baskets ? »

Marie, 39 ans, Ajaccio

Marie, ce garçon m'est terriblement sympathique. Je ne vois vraiment pas pourquoi vous lui parlez de sa vie sentimentale et *a fortiori* de sa vie sexuelle. Vous pouvez observer ses fiancées ou ses conquêtes, mais en aucun cas vous en mêler. Sa sexualité le concerne lui, pas vous. Votre rôle consiste à l'informer des risques d'une sexualité non protégée et s'arrête là, même si je suis sûr qu'il est plus compétent que vous à ce sujet ! Vous dites que, même quand vous essayez d'être légère, il ne le supporte pas et devient mutique ? Vous ne devez pas vous en inquiéter, mais alors pas du tout !

Sexualité

Votre enfant part à la conquête de sa vie sexuelle, à la conquête de soi, comme tous les adolescents. D'ailleurs, je vais vous poser une question : est-ce que vous, vous parlez systématiquement de votre sexualité à votre mère, qui est maintenant sa grand-mère ? Si vous le faisiez, elle vous dirait : « Tu devrais faire une psychothérapie ! » La sexualité appartient aux adolescents, comme elle appartient à chaque individu. D'ailleurs, il arrive qu'on ne parle même pas de sa sexualité avec la personne dont on partage la vie. Donc je pense que votre fils a raison, sa position de repli et de distance me rassure tout à fait. Parlez-lui avenir, parlez-lui études, parlez-lui théâtre… Mais ne lui parlez plus de sa sexualité. Et, surtout, arrêtez de vous inquiéter. Vis-à-vis de lui, vous êtes juste trop grande pour lui parler de ça.

« J'ai 15 ans et mon copain en a 19, nous sommes ensemble depuis plus d'un an. Ma mère refuse toujours qu'on dorme ensemble chez elle. Je ne comprends pas son refus. »

Léa, 15 ans, Lyon

Ne t'attends pas à ce que j'aille dans ton sens. Non, tu n'obtiendras aucun soutien du pédopsychiatre que je suis. Ta mère a raison, Léa. Il ne faut pas que vous dormiez ensemble chez elle. Ailleurs, si vous voulez, mais pas sous le même toit que ta famille. Je crois que c'est un vrai problème, que posent tous les adolescents de ton âge lorsqu'ils sont, comme toi, en petit couple (c'est une relation sérieuse puisque ça dure depuis plus d'un an... ce qui est énorme !).

Tu ne dois pas en vouloir à ta mère : je crois vraiment que cela relève de sa mission de maman que de refuser. Tu ne parles pas de ton père : j'espère que, s'il est là, il partage le même avis que sa femme.

Pourquoi suis-je d'accord avec ta mère ? D'abord, parce que c'est bien qu'elle n'accède pas à tous tes désirs – c'est ça aussi, être parent. D'autre part, imagine – et je ne veux pas te troubler – que tu rompes avec ton copain et que, dans un an, tu demandes à ta maman de dormir avec un autre garçon chez elle. La maison de ta mère n'est pas un hôtel ! Une fois pour toutes, elle ne doit pas être le lieu d'organisation de tes amours. Si tes parents n'ont pas à tenter d'orienter tes choix amoureux, en revanche, leur maison ne doit pas être le terrain de jeu de tes amours adolescentes. Aussi bien pour toi que pour eux.

Socialisation

« Mon petit-fils de 4 ans ne veut plus aller à l'école car il n'y a aucun ami. Il ne se lie pas du tout aux autres enfants, reste seul dans son coin, alors qu'il est, par ailleurs, très à l'aise avec les adultes. Comment expliquer cette différence ? »

Jeannine, 52 ans, Junas

Ce jeune garçon a drôlement bien compris les choses. Il est parfaitement à l'aise avec les adultes et ne voit donc pas l'intérêt de participer à cette socialisation obligée qu'est l'école maternelle. Il considère les enfants comme ses concurrents et redoute la compétition avec eux.

Cette réaction existe souvent au début de la scolarité. Il faut tenir bon, lui dire que c'est à l'école qu'il se fera des amis pour toute la vie, que les grandes personnes sont trop vieilles pour bien jouer avec lui, qu'il réussira progressivement à avoir un meilleur copain et qu'ensuite ce sera aussi contagieux que la varicelle, il en aura plein.

Alors, ne rentrez pas dans son jeu : car si, dans son comportement, il y a en partie de l'anxiété, de la fragilité, de la susceptibilité, je vois dans votre courrier qu'il joue beaucoup de son charme avec les grands. Cela dit, il manque dans ce que vous écrivez certains éléments. Vous faites une description paradoxale d'un enfant très à l'aise d'un côté et, au contraire, très replié de l'autre. Qu'en est-il de ses parents ? Est-ce qu'il a eu un petit frère ou une petite sœur ?... Ce sont des éléments importants pour vous répondre complètement.

Sports

« Depuis plusieurs mois, mon fils de 6 ans se passionne pour le rugby. Mon mari, fou de foot, refuse qu'il pratique ce sport, trop dangereux selon lui. Je souhaiterais que mon fils s'épanouisse et qu'il ait le choix de ses activités, avec le soutien de ses deux parents. Mais mon mari ne veut rien entendre. »

Marion, 40 ans, Nogent-le-Rotrou

J'ai le sentiment que je vais forcément dire des bêtises dans ma réponse. Je suis à fond pour que ce garçon fasse du rugby, et surtout qu'il ne fasse pas de foot. Maintenant que j'ai évacué mon choix personnel du rugby, je peux peut-être réfléchir en tant que pédopsychiatre.

Il me semble que, quand il s'agit de sports, il faut respecter le choix des enfants, faire attention à ne pas vouloir que son enfant fasse le sport dans lequel on aurait voulu briller soi-même.

Je critiquerai ensuite volontiers ma première hypothèse : j'aurais rêvé que le fils que je n'ai pas eu soit beaucoup plus compétent au rugby que moi et je l'aurais, sans doute en partie, forcé à aller guerroyer contre les packs des équipes adverses. Mais je pense que ce qui se joue pour ce papa, ce sont peut-être ses rêves d'ancien footeux.

Il est bien difficile pour vous, la maman, de vous opposer à une passion masculine totale. Peut-être faut-il que, petit à petit, votre fils regarde le rugby à la télévision avec son papa et que celui-ci soit accroché par le spectacle ainsi proposé. Sinon, je vous donne un conseil : il faudrait qu'un grand-père aimant le rugby, « en fourbe », transgresse la décision du père, sans que vous soyez dans le coup. Le grand-père l'accompagnerait donc au rugby, en secret, et un jour il avouerait son méfait au père. II vaut mieux que, dans ce cas-là, ce soit le grand-père paternel.

Syndrome d'Asperger

« Ma fille de 5 ans présente des troubles qui ressemblent, selon l'enseignante, à un syndrome d'Asperger. Elle est suivie au CMPP, mais la maîtresse nous pousse à effectuer un dépistage d'autisme à l'hôpital. Avec mon mari, nous sommes sceptiques. Ne risque-t-on pas de lui mettre une étiquette dont elle aura du mal à se débarrasser ? »

Ingrid, 28 ans, Saint-Laurent-du-Var

La clé réside dans la nécessaire articulation entre vous, l'enseignant et le centre médico-psycho-pédagogique. En effet, attention à ce que l'orientation médicale, le changement d'équipe proposé ne viennent pas gêner la prise en charge. Dans le cas de votre petite fille, seule la continuité des soins peut permettre des progrès. Les centres ressources autisme vers lesquels veut vous orienter l'enseignante sont des structures hospitalières réunissant pédopsychiatres, pédiatres, généticiens, associations de parents… Le CMPP a sans aucun doute des liens étroits avec cette unité (en général dans des centres hospitaliers), mais le problème que vous posez est celui-ci : est-il vraiment pertinent d'établir un diagnostic? Une certaine frilosité compréhensible règne dans le monde spécialisé dans le développement de l'enfant. Pourquoi? Parce que les thérapeutes, à juste titre, ne veulent pas stigmatiser, figer les enfants dans un diagnostic. Certains craignent que l'angoisse naturelle des parents n'aggrave peut-être l'état de leur enfant.

Le syndrome d'Asperger, dont parle l'institutrice, est une forme d'autisme touchant les enfants à haut potentiel intellectuel. Voilà pourquoi le CMPP et vous-même prônez l'intégration scolaire. Cependant, il faut comprendre aussi l'enseignante qui, sans doute en difficulté, demande une aide pour mieux comprendre votre enfant. Une réunion de synthèse vous réunissant toutes et tous contribuera aux progrès futurs de votre petite fille. Réunissez-les! Réunissez-vous!

TIMIDITÉ

« Mon petit-fils de 9 ans n'a pas d'amis à l'école et ce, depuis la maternelle. Cette année, il a changé d'établissement et c'est encore pire ! Il est rejeté par tous les enfants. À part ça, il travaille bien en classe. Pouvez-vous nous donner un conseil ? »

Marianne, 62 ans, Alincourt

C'est une question très fréquente. Les parents et les grands-parents s'inquiètent beaucoup quand un enfant est isolé et, pire, comme vous le dites dans votre question, rejeté. On fait souvent comme si la timidité n'existait pas. C'est oublier qu'un garçon ou une fille a le droit de s'isoler, d'avoir une vie intérieure intense, d'éprouver des difficultés à communiquer. Bref, il a le droit d'être timide ! C'est vrai que le changement d'école ne lui facilite pas la tâche : il doit tout recommencer à zéro alors qu'il avait peu à peu gagné du terrain dans le domaine de la communication. Je vous conseille de l'inscrire à un club d'échecs, où, étant donné son profil, il peut se montrer performant et se faire des amis. Côté sports, privilégiez une activité comme le ping-pong, où l'on est séparé de l'autre par un petit filet, plutôt que le judo ! Mais ne vous inquiétez pas, dès que ce jeune garçon de 9 ans aura un véritable ami, celui-ci l'aidera à aller vers les autres. Et n'oubliez pas qu'un enfant peut être un peu en décalage, sans que ceci soit à gérer par les adultes, qui doivent simplement l'accompagner dans les progrès qu'il ne manquera pas de faire petit à petit.

TOC

« Ma fille, 14 ans et demi, est très introvertie dès qu'elle est à l'extérieur. En revanche, elle est très sûre d'elle et agressive avec sa famille. Depuis quelques, jours, nous avons découvert qu'elle souffrait de nombreux TOC, qui l'envahissent de plus en plus. Que faire ? »

Delphine, 44 ans, Saint-Firmin

Ce qui est intéressant, c'est que son comportement est totalement différent à l'école et à la maison. L'apparition de TOC (troubles obsessionnels compulsifs), nouvelle désignation internationale de la névrose obsessionnelle, n'est pas, comme chez l'adulte, une organisation fixe et définitive. Certains enfants ont un rituel de propreté (peur des microbes) et, dans de nombreux cas, des rituels d'endormissement. Ce sont des enfants particulièrement anxieux : faire toujours exactement pareil leur permet de repousser leurs peurs. En règle générale, les rituels ont été créés dans toutes les sociétés pour lutter contre l'angoisse de mort, de disparition. Les enfants, adolescents et adultes qui y ont recours systématiquement dans leur vie quotidienne craignent par-dessus tout l'improvisation et la surprise. Lisez le célèbre écrit de Freud, sa psychanalyse de « l'homme au rat », qui permet de bien comprendre le mécanisme psychopathologique des TOC.

Pour le traitement, il existe plusieurs options à envisager avec votre médecin traitant : médicamenteux, cognitivo-comportementaliste, voire psychothérapique.

TOC

« Mon fils de 9 ans est atteint de TOC depuis un peu plus d'un an. Il se lave les mains constamment, ne touche plus son papa ou tout ce que son papa a touché. Il est suivi par un psychologue, mais il n'y a aucun changement. Que faire ? »

Cécile, 36 ans, Vitré

Les troubles obsessionnels compulsifs (TOC), ou ce qu'on appelait plus classiquement la névrose obsessionnelle, sont extrêmement fréquents chez les enfants. Les rituels, les manies, les petites obsessions les aident souvent à dépasser l'idée de mort.

Il serait intéressant de savoir s'il y a eu récemment des décès dans votre famille. Est-ce que ces deuils ont touché la branche paternelle ? Si je vous pose ces questions, c'est parce qu'on dirait que l'objet phobique, l'objet à éviter, est essentiellement son papa.

J'ai notamment rencontré ce genre de troubles chez un enfant dont le grand-père paternel, qu'il aimait beaucoup, était mort. L'enfant rejetait alors la responsabilité sur son père : pour lui, il n'avait pas su protéger suffisamment son propre père.

Le psychologue qui suit votre fils vous rencontre-t-il souvent ? Est-ce qu'il prend aussi des données sur l'anamnèse – sur l'environnement familial ? Est-ce qu'il propose des stratégies pour éviter que le TOC n'envahisse le champ du quotidien, de la pensée, de la motricité de l'enfant ou, au contraire, cherche-t-il une explication pour que cette dernière soit à son tour proposée à l'enfant et qu'il en devienne propriétaire pour dépasser ses peurs ?

Quoi qu'il en soit, je vous conseille d'explorer le thème de la peur de la mort car je l'ai retrouvé extrêmement souvent dans les histoires obsessionnelles, dans les TOC de mes patients.

Troubles du sommeil

« Je suis la maman de jumeaux (20 mois) qui ont des problèmes de sommeil. Cela fait maintenant deux mois que toutes les nuits sont ponctuées de terreurs nocturnes et d'insomnies. Nous sommes à bout, le papa et moi. Nous avons déménagé plusieurs fois depuis leur naissance et ils sont gardés à mi-temps à la crèche et à mi-temps par une nourrice. Que faire ? »

Laura, 33 ans, Sceaux

Le trouble du sommeil est le symptôme majeur des enfants de cet âge. Certains d'entre eux, qui dormaient très bien jusque-là, se mettent à vivre des nuits agitées. Dans votre cas, il est d'autant plus prononcé qu'il est double puisqu'il s'agit de jumeaux. Le premier point, c'est peut-être de les séparer (quitte à en faire dormir un dans la cuisine !) pour vérifier d'abord que le trouble du sommeil de l'un n'induit pas de réveils chez l'autre. Je pense que s'occuper de votre enfant le plus perturbé risque de manière assez simple de guérir l'autre de ses problèmes. Il est possible en effet qu'un des jumeaux soit particulièrement anxieux, et que le début de la période des rêves et des cauchemars soit apparue très précocement chez lui. Ce stade intervient généralement entre 18 mois et 2 ans et demi. Les images de gros animaux qui dévorent ou les angoisses de chute viennent alors perturber les nuits de nos chers petits. En séparant les jumeaux, vous pourrez également alterner les périodes d'épuisement avec votre mari ! Une nuit sur deux, vous vous occupez de celui qui dort bien et votre mari de celui qui dort mal, et vous échangez la nuit suivante. Cela vous permettra de récupérer un peu... Bon courage !

« Ma fille a 3 ans et, depuis sa naissance, elle n'a jamais fait une nuit complète. J'ai tout essayé, suivi tous les conseils : la laisser pleurer, la bercer, lui tenir la main jusqu'à ce qu'elle s'endorme. Dans tous les cas, elle se réveille deux heures après, et cela plusieurs fois par nuit. Autant dire qu'elle finit souvent dans notre lit... Que puis-je faire ? »

Maryse, 29 ans, Troyes

C'est une question passionnante. Première chose : je ne trouve pas, dans la question posée, trace de l'intervention du père. Il faudrait peut-être que les papas prennent leur part dans les troubles du sommeil : après le match de foot, ils dorment profondément, tellement profondément qu'ils ne secondent pas les mamans dans cette activité essentielle.

Cela dit, vous rapportez plusieurs choses.

Vous la laissez pleurer. Je crois qu'il ne le faut pas, parce qu'elle fait peut-être partie des 10 à 15 % d'enfants anxieux ; or on ne doit pas laisser se développer une anxiété chez un bébé, parce que cela produit des troubles, plus tard, difficiles à traiter.

Lui tenir la main, la bercer, c'est très bien.

Vous dites que vous avez tout essayé, mais avez-vous demandé à votre pédiatre un médicament léger ? Drôle de réponse pour un psy, mais il est possible qu'un traitement homéopathique, maintenant qu'elle a 3 ans et qu'elle est apte à comprendre, l'aiderait beaucoup.

Le tout est que la prise du médicament se fasse de façon très sacralisée. Vous pouvez lui dire : « C'est toi qui prends ces médicaments avant de te coucher. On te fait confiance. Tu es grande. »

Si cela échoue, demandez à votre médecin un petit traitement inducteur, pour trois semaines seulement, histoire de déconditionner cette enfant qui maintenant a bien compris qu'elle tire de cette situation des bénéfices secondaires, et notamment celui de finir dans votre lit.

Encore une fois, je n'ai pas envie de céder et de vous dire : tant pis, on verra bien quand elle sera grande. À ce moment-là, vous serez, votre mari et vous, plus… vieux, et aurez raté des bons moments de votre vie. Alors, attention ! Le lit des parents, c'est le lit des parents, pas le lit des enfants !

Vêtements

« Ma fille de 15 ans me déconcerte. Jusqu'ici, elle était très coquette et s'habillait de manière assez classique. Depuis un mois, du jour au lendemain, elle est devenue gothique… avec ongles noirs et piercings à la clé ! Pourquoi ce brusque changement ? Faut-il que je la laisse faire ? »

Hélène, 53 ans, Clisson

Moi aussi, ça m'inquiète. Mais c'est l'avis d'un pédopsychiatre qui rencontre souvent des ados à l'allure un peu inquiétante ! C'est l'aspect mélancolique, tourné vers la mort, vers la destructivité qu'ont souvent les enfants qui s'habillent en noir, qui pose problème. Je sens, Hélène, que je vous inquiète au lieu de vous rassurer. C'est que l'apparence est à prendre en compte à l'adolescence et que si d'autres « symptômes » (refus scolaire, insomnies, comportements auto-agressifs, scarifications…) s'ajoutent à cela, une consultation est nécessaire. Ce brusque changement prouve peut-être un malaise chez cette jeune fille de 15 ans. S'il faut la laisser faire pour l'aspect vestimentaire, il faut s'inquiéter pour ce qu'il représente.

Mais si, dans les mois à venir, par bonheur, elle s'habille à la mode antillaise, tout ce que je viens de dire n'aura plus aucun intérêt. L'aspect caméléon des adolescents est aussi souvent fonction de leur groupe d'appartenance. Il se peut que votre fille s'habille ainsi parce que sa meilleure amie est gothique. Il faut parfois se méfier des copains, car ils peuvent les entraîner dans des parcours dangereux. Mais voilà que je m'inquiète de nouveau, alors que j'essayais d'être plus badin… Si votre adolescente persiste à porter du noir (un choix qui peut également être purement esthétique), cela peut signer une note dépressive, assez banale à l'adolescence. N'empêche, je crois que ça vaut peut-être le coup d'aller voir un psy, qui vous dira mieux que moi ce qu'il pense de votre fille.

Victimisation

« Mon fils de 14 ans se pose toujours en victime. Quelle que soit la situation, c'est toujours la faute des autres ! Il porte aux nues son père, qui ne s'est jamais occupé de lui, et me dit que je suis une mauvaise mère… »

Isabelle, 44 ans, Trebeurden

Votre garçon joue facile. Il est plus simple d'être victime qu'acteur. En outre, la victime, dans son cas, a du talent car « c'est toujours la faute des autres ». Souvent les garçons et les filles issus de couples séparés posent à l'adolescence le problème spécifique de ce jeune homme. L'autre parent, celui ou celle qu'ils connaissent mal, est paré de toutes les qualités. La meilleure solution consiste à les domicilier chez le parent qu'ils idéalisent à tort. La réalité fera qu'au bout de quelques mois ils reviendront volontiers avec celle ou celui qui a assumé leur quotidien d'enfant et qui, finalement, ils s'en rendent vite compte, n'est « pas si mal que ça ». De plus, il vous traite de « mauvaise mère ». C'est la phrase typique que sortent les ados pour que leur maman leur dise toute son affection et manifeste encore plus fort son amour.

À l'adolescence, il est temps que les enfants comprennent et apprécient les défauts des parents. Les mères, en particulier, ne doivent pas être parfaites. Leurs défaillances, leurs défauts participent de la confrontation de leur enfant avec la réalité, et donc de leur évolution. C'est la théorie de ce cher Winnicott, qui a tellement apporté à la pédopsychiatrie. Il suffit donc dans l'esprit de ce jeune homme que la « mauvaise mère » devienne « suffisamment bonne » !

Vol

« Depuis plusieurs années, ma fille de 7 ans vole des objets quand nous sommes en visite dans notre famille, chez des amis. Elle soutient, les yeux dans les yeux, qu'elle ne sait rien à propos de ces objets (qu'elle donne à ses copines à l'école !). Comment lui faire perdre cette habitude ? »

Caroline, 34 ans, Langres

Le vol chez l'enfant est une question bien intéressante. Affirmons d'entrée de jeu qu'il n'a pas grand-chose à voir avec le vol chez l'adulte. En effet, celui-ci est prémédité, utilitaire et masqué alors que, chez votre fille, il est plus impulsif, non maîtrisé et pas du tout utilitaire. Si « les yeux dans les yeux », elle nie avoir dérobé ces objets, c'est que le mécanisme psychologique est tellement enfoui dans son inconscient qu'elle ne peut l'exprimer. Les termes mêmes que vous employez sont extrêmement intéressants : « Quand nous sommes en visite dans notre famille », et surtout « Elle donne ces objets à ses copines à l'école ». On retrouve souvent ce comportement chez les enfants adoptés et on peut, grâce à eux, mieux comprendre ce qui se passe ici. Ils s'emparent des objets de famille pour mieux s'intégrer à celle-ci : « Je prends l'histoire au passé qui me manque, je prends le plus possible l'intimité dont j'ai été privé ». Eux aussi nient toute participation active et ne font pas d'aveu. Peut-être votre fille vit-elle douloureusement une rivalité fraternelle et se sent-elle un peu exclue de l'affectivité qui lui est nécessaire ? Ses vols sont le signe d'une souffrance, ils ne sont pas un larcin. Soyez-en persuadée…

Table des matières

Cet ouvrage a été composé par

CPI
FIRMIN-DIDOT

et achevé d'imprimer
sur Roto-Page
par l'Imprimerie Floch
à Mayenne,
en octobre 2010
N° d'édition : 641
N° d'impression : 77730
Dépôt légal : novembre 2010

Imprimé en France